Max Lucado

Hör nie auf, neu anzufangen

Über den Autor

Max Lucado war langjähriger Pastor der *Oak Hills Church* in San Antonio, Texas. Er ist verheiratet, Vater von drei Töchtern und Verfasser vieler Bücher. Die Zeitschrift *Christianity Today* zählt ihn zu den bekanntesten christlichen Autoren Amerikas.

Zu seinen Bestsellern gehören u. a. „Leben ohne Angst", „Du schaffst das", „Leichter durchs Leben" und „Wie man Riesen besiegt".

MAX LUCADO

Hör nie auf, neu anzufangen

Warum es immer einen guten Grund zur Hoffnung gibt

Aus dem Englischen von Elke Wiemer

GerthMedien

Für Jack und Deb Graham und für O. S. und Susie Hawkins.
Dieses Buch wurde an jenem Tag fertig,
an dem diese beiden wunderbaren Ehepaare
sowohl ihr 50-jähriges Dienstjubiläum als auch ihre
goldene Hochzeit begehen durften.
Wir feiern ihre Hingabe an Jesus und aneinander.

Inhalt

Einleitung

Neue Möglichkeiten entdecken

Wasser. Noah sieht nur noch eines: Wasser. Die Abendsonne versinkt darin. Die Wolken spiegeln sich darin. Seine Arche ist davon umgeben. Wasser. Wasser im Norden. Wasser im Süden. Wasser im Osten. Wasser im Westen. Überall nur Wasser.

Noah sieht nichts als Wasser.

Er kann sich nicht mehr daran erinnern, wann er zum letzten Mal etwas anderes gesehen hat. Die Erde ist zerstört. Es ist das Ende von allem, was er bislang gekannt hat. Er und seine Söhne konnten gerade noch das letzte Flusspferd die Rampe hinaufschieben, als sich im Himmel tausend Löschhydranten öffneten. Innerhalb weniger Augenblicke fing das Schiff an zu schaukeln. Der Regen prasselte tagelang herunter und Noah fragte sich wochenlang: „Wie lange wird das noch dauern?" Vierzig Tage regnete es. Seit Monaten treiben sie dahin. Sie essen immer das Gleiche, riechen immer das Gleiche und sehen die immer gleichen Gesichter. Ab einem gewissen Punkt fällt einem nichts mehr ein, worüber man miteinander reden könnte. Man verliert langsam die Hoffnung. *Kann Gott diese Welt neu erschaffen? Kann er von vorn anfangen? Kann er und können wir noch einmal neu beginnen?*

Schließlich stößt das Schiff gegen irgendetwas und das Schaukeln hört auf. Frau Noah sieht Herrn Noah bedeutungsvoll an, woraufhin dieser die Luke aufdrückt und den Kopf hinausstreckt. Der Rumpf der Arche hat auf dem

Grund aufgesetzt, aber dennoch sind sie weiterhin von Wasser umgeben.

„Noah", ruft sie zu ihm hinauf, „was siehst du?"

„Wasser."

Er schickt einen Raben auf Erkundungstour; dieser kehrt aber nie zurück. Er sendet eine Taube los. Diese kehrt zitternd und erschöpft zurück, weil sie keinen Nistplatz gefunden hat. Und dann, heute Morgen, versucht er es noch einmal. Er holt eine Taube aus dem Bauch der Arche und steigt mit ihr die Leiter hinauf. Beide blinzeln in die strahlende Morgensonne, so hell ist es. Als er den Vogel auf die Brust küsst, spürt er sein klopfendes Herz. Würde er sich die Hand auf seine eigene Brust legen, würde er das Gleiche spüren. Er schickt ein Gebet gen Himmel und lässt sie fliegen. Nun blickt er ihr nach, bis sie nur noch ein kleiner Punkt am Horizont ist.

Den ganzen Tag über hält er nach der Taube Ausschau. Zwischen seinen üblichen Pflichten öffnet er immer wieder die Luke und blickt sich suchend nach ihr um. Die Jungen wollen mit ihm Affenschwanzfangen spielen, aber er hat keine Lust. Stattdessen klettert er in den Ausguck und hält Ausschau. Der Wind zerzaust sein graues Haar. Die Sonne wärmt sein wettergegerbtes Gesicht. Aber nichts erwärmt sein schweres Herz. Er kann nichts entdecken. Nicht am Morgen. Nicht nach dem Mittagessen. Und auch später nicht.

Jetzt geht die Sonne unter und der Himmel wird dunkel. Ein letztes Mal hält er noch Ausschau, doch er sieht nur Wasser. Wasser im Osten. Wasser im ...

Sie kennen dieses Gefühl sicher auch. Sie haben ebenfalls schon dort gestanden, wo Noah gestanden hat. Sie haben auch schon Sintfluten erlebt. Sintfluten der Trauer auf dem Friedhof, der Wut über das Unvermögen Ihres Körpers, der Angst angesichts der Ungewissheit einer Pandemie. Sie haben gesehen, wie das Wasser stieg, und wahrscheinlich haben Sie auch gesehen, wie die Sonne über Ihren Hoffnungen und Träumen untergegangen ist. Sie waren dabei auf Noahs Schiff.

Und Sie haben das gebraucht, was auch Noah brauchte: Hoffnung. Hoffnung meint nicht, dass es sofort eine Lösung für unsere Probleme geben wird, sondern dass sich irgendwann eine Lösung auftun wird. Manchmal brauchen wir einfach nur ein kleines bisschen Hoffnung.

Mehr brauchte auch Noah nicht. Und genau das bekam Noah.

Der alte Seebär starrt in die Sonne, die schon halb untergegangen ist. Einen schöneren Anblick kann man sich kaum vorstellen. Aber er würde diesen Sonnenuntergang und noch einhundert weitere gegen einen Hektar trockenes Land und einen Weinberg eintauschen. In diesem Moment erklingt Frau Noahs Stimme. Sie erinnert ihn daran, dass das Abendessen auf dem Tisch steht und er doch die Luke schließen soll. Er will gerade Feierabend machen, als er das Gurren einer Taube vernimmt. Und so wird dieser Augenblick in der Bibel beschrieben: „Diesmal kehrte der Vogel gegen Abend mit dem frischen Blatt eines Olivenbaums im Schnabel zu ihm zurück“ (1. Mose 8,11).

Ein Olivenblatt. Noah wäre schon glücklich gewesen, den Vogel zurückzubekommen – aber ein Blatt! Dieses Blatt war mehr als nur Laub; es war eine Verheißung. Der Vogel hat mehr mitgebracht als nur ein Stück Olivenbaum; er hat

Hoffnung gebracht. Denn ist Hoffnung nicht genau das: ein Olivenblatt – der Beweis dafür, dass wir nach der Sintflut irgendwann wieder festen Boden unter den Füßen haben werden? Der Beweis für den Träumer, dass der Traum das Risiko wert war?

Brauchen Sie etwas Hoffnung? Brauchen Sie einen Neubeginn? Eine Renovierung Ihres Lebens? Noch eine Chance? Früher oder später brauchen wir das alle einmal. Die ach so willkommene gute Nachricht der Bibel lautet: Gott ist ein Gott der Neuanfänge. Er ist der Autor, der ein neues Kapitel schreibt, der Architekt, der einen neuen Entwurf macht, und die Stimme, die ein neues Lied singt.

Gott weiß, wie es weitergeht. Ganz gleich, mit welcher Enttäuschung, Trauer oder Schwierigkeit Sie konfrontiert sind: Gott schenkt Ihnen die Möglichkeit, noch einmal von vorn anzufangen. Bei ihm erhalten verlorene Söhne ein neues Gewand, die Schwachen bekommen neue Kraft und die Einsamen finden einen Freund.

Doch die, die auf den Herrn warten, gewinnen neue Kraft.
Sie schwingen sich nach oben wie die Adler.
Sie laufen schnell, ohne zu ermüden.
Sie gehen und werden nicht matt.
Jesaja 40,31

Ihre jetzige Situation hat nicht das letzte Wort in Ihrem Leben.

Gott verkündet allen Noahs dieser Welt, all jenen, die den Horizont nach dem berühmten Silberstreif absuchen: „Ja!" Und er kommt. Er kommt als Taube. Er kommt mit einer Frucht aus einem fernen Land, aus unserer zukünftigen Heimat. Er kommt mit dem Blatt der Verheißung, dass er alles neu machen kann.

Das ist das Thema des Buches, das Sie gerade in der Hand halten. Es ist eine Mischung aus neuen Überlegungen und einigen Lieblingsgedanken aus früheren Büchern. Die Botschaft ist ganz simpel: Sie können neue Hoffnung schöpfen. Können neue Träume träumen. Durch Gottes Gnade können Sie den Weg zum trockenen Land finden, können zusehen, wie das Wasser zurückgeht, und neuen Boden betreten.

Wenn Sie sich Gottes Führung anvertrauen, können Sie neu anfangen.

Teil I

Gott ist vertrauenswürdig

Mein Vater dekorierte unser Wohnzimmer mit einem Baumstumpf. Ich war damals noch ein Kind, vielleicht elf oder zwölf Jahre alt. Das perfekte Alter, um von der Vorstellung fasziniert zu sein, dass bei uns ein Baumstumpf neben dem Kamin stand.

Über dem Kamin hing eine Uhr.

Neben dem Kamin stand Kaminwerkzeug.

Neben dem Werkzeug – der Baumstumpf.

Genial!

Er brachte ihn mit, als er eines Tages von der Arbeit kam. Der Stamm nahm den größten Teil der Ladefläche seines Pick-ups ein. Dort lag er, als ich ihn zum ersten Mal sah. Mein Vater zerrte ihn von der Ladefläche und ließ ihn auf den Betonboden der Einfahrt fallen.

„Was ist das, Dad?"

„Das ist ein Baumstumpf", entgegnete er. Stolz schwang in seiner Stimme mit.

Mein Vater arbeitete auf den Ölfeldern im Westen von Texas. Seine Aufgabe bestand darin, dafür zu sorgen, dass die Pumpen reibungslos liefen. Und offensichtlich hatte dieser Baumstumpf seine Arbeit behindert. Ehrlich gesagt weiß ich nicht mehr, warum er ihn störte. Vielleicht hatte er ihm den Weg zu einer der Maschinen versperrt. Vielleicht hatte er zu weit über einen Fahrweg geragt. Was auch immer der Grund gewesen war: Der Stamm hatte ihn daran gehindert, seine Arbeit so zu erledigen, wie er es wollte. Also riss er ihn aus dem Boden. Mein Vater legte das eine Ende einer Kette um den Baumstumpf und das andere um seine Anhängerkupplung. Der Wettkampf war vorbei, noch ehe er begonnen hatte.

Aber es genügte ihm nicht, den Baumstumpf nur herauszureißen; er wollte ihn zur Schau stellen. Manche Männer hängen sich Hirschgeweihe an die Wand. Andere füllen ganze Zimmer mit ausgestopften Tieren. Mein Vater beschloss, unser Wohnzimmer mit einem Baumstumpf zu dekorieren.

Mutter war davon alles andere als begeistert. Während die beiden in der Einfahrt standen und einen hitzigen Meinungsaustausch hatten, nahm ich die erlegte Beute unter die Lupe. Der Baumstumpf war so dick wie meine jungenhaften Hüften. Die Rinde war schon lange vertrocknet und ließ sich leicht abschälen. Daumendicke Wurzeln hingen schlaff herunter. Ich habe mich noch nie für einen Experten in Sachen „tote Bäume“ gehalten, aber so viel wusste ich: Dieser Baumstumpf war eine echte Schönheit.

Im Verlauf der Jahre habe ich oft darüber nachgedacht, warum mein Vater einen Baumstumpf als Dekoration verwendet hat – vor allem, weil ich mich selbst auch eher für einen Baumstumpf hielt. Als Gott mich fand, war ich ein unfruchtbarer Stumpf mit tiefen Wurzeln. Ich machte die Landschaft dieser Welt kein bisschen schöner. Niemand konnte sich in den Schatten meiner Äste legen. Ich stand dem Werk des Vaters sogar im Weg. Und trotzdem fand er einen Platz für mich. Es brauchte einen kräftigen Ruck und eine gründliche Bearbeitung, aber er brachte mich aus dem Ödland in sein Haus und stellte mich als sein Werk zur Schau.

Von uns allen wurde der Schleier weggenommen, sodass wir die Herrlichkeit des Herrn wie in einem Spiegel sehen können. Und der Geist des Herrn wirkt in uns, sodass wir ihm immer ähnlicher werden und immer stärker seine Herrlichkeit widerspiegeln.
2. Korinther 3,18

Und genau das ist auch das Werk des Heiligen Geistes.

Der Geist Gottes wird Sie in ein himmlisches Meisterwerk verwandeln und für alle sichtbar aufstellen. Rechnen Sie damit, vorher abgeschrubbt, geschmirgelt und ein oder zwei oder zehn Mal gestrichen zu werden. Aber am Ende wird das Ergebnis alle Unannehmlichkeiten wert gewesen sein.

Sie werden dankbar sein.

Letzten Endes war meine Mutter das auch. Erinnern Sie sich an die hitzige Diskussion, die meine Eltern wegen des Baumstumpfs hatten? Mein Vater gewann. Er stellte den Baumstumpf ins Wohnzimmer – aber erst nachdem er ihn sauber gemacht, gestrichen und in großen Buchstaben „Jack und Thelma" hineingeschnitzt hatte sowie die Namen ihrer vier Kinder. Ich kann nicht für meine Geschwister sprechen, aber ich war immer stolz darauf, meinen Namen im Familienstammbaum eines Baumstumpfentwurzlers zu lesen.

Kapitel 1

Vertrauen Sie dem Hirten

Er gibt mir neue Kraft.
Psalm 23,3 (Hfa)

Stellen Sie sich vor, Sie sind im Dschungel. Es ist ein sehr dichter und finsterer Dschungel. Ihre Freunde haben Sie davon überzeugt, dass es Zeit sei, eine einzigartige, unvergessliche Reise zu machen, und jetzt sind Sie hier. Sie haben den Trip bezahlt. Sie sind über den Atlantik geflogen. Sie haben einen Reiseführer engagiert und sich der Gruppe angeschlossen. Und Sie haben sich an einen Ort gewagt, an den Sie sich noch nie zuvor gewagt hatten – in die zugewucherte, fremdartige Welt eines Dschungels.

Klingt das interessant? Dann gehen wir noch einen Schritt weiter. Stellen Sie sich vor, Sie seien ganz allein im Dschungel und haben sich verlaufen. Sie haben sich mal kurz gebückt, um Ihren Stiefel zu schnüren, und als Sie sich wieder aufgerichtet haben, waren alle weg. Sie haben auf gut Glück den rechten Pfad genommen, aber jetzt fragen Sie sich, ob die anderen vielleicht nach links gegangen sind. (Oder sind Sie nach links und die anderen nach rechts gegangen?)

Wie auch immer: Sie sind jetzt allein. Und das schon seit einer ganzen Weile – na ja, in Wirklichkeit wissen Sie nicht, wie lange Sie schon allein sind. Ihre Uhr hängt nämlich an Ihrem Rucksack, und Ihren Rucksack trägt der nette Typ aus New Jersey, der angeboten hat, ihn zu halten, während Sie sich die Schuhe gebunden haben. Sie hatten ja nicht damit gerechnet, dass er damit weggeht. Aber er hat es getan. Und jetzt sitzen Sie mitten im Nirgendwo fest.

Sie haben ein Problem. Erstens ist Ihnen dieser Ort völlig

fremd. Wenn man Sie irgendwo im Großstadtgewirr ausgesetzt hätte, hätten Sie nach Hause gefunden. Aber hier unter dem dichten Blätterdach? Mitten im Dickicht, wo kein Weg zu erkennen ist? Hier sind Sie einfach nicht in Ihrem Element. Sie sind nicht für den Dschungel gemacht.

Und was noch schlimmer ist: Sie sind nicht dafür ausgerüstet. Sie haben keine Machete, kein Messer, keine Streichhölzer, keine Taschenlampe, nichts zu essen. Und jetzt sitzen Sie hier fest und haben nicht die geringste Ahnung, wie Sie wieder rauskommen sollen.

Klingt das nach Spaß? Nein? Für mich auch nicht. Halten wir einmal kurz inne, bevor wir unserem Weg weiter folgen. Wie fühlen Sie sich? Welche Gefühle kämen in einer solchen Situation in Ihnen hoch? Mit welchen Gedanken würden Sie kämpfen?

Angst? Natürlich.

Sorge? Das ist noch milde ausgedrückt.

Wut? Das könnte ich auch verstehen. (Sie würden denen, die Sie zu dieser Reise überredet haben, am liebsten an die Gurgel gehen.)

Aber wie wäre es vor allem mit Hoffnungslosigkeit? Sie haben keine Ahnung, in welche Richtung Sie gehen oder was Sie tun sollen. Wer könnte Ihnen da einen Vorwurf machen, wenn Sie sich einfach auf einen Baumstamm setzen (aber erst nachsehen, dass keine Schlange darauf liegt!), Ihr Gesicht in den Händen vergraben und denken würden: *Hier komme ich nie wieder raus?* Sie haben weder Orientierung noch Ausrüstung oder Hoffnung.

Können Sie dieses Gefühl einen Augenblick festhalten? Können Sie versuchen, nur einen Augenblick nachzuempfinden, wie es ist, nicht in seinem Element zu sein? Keine Ahnung und keine Kraft mehr zu haben? Können Sie nur einen Moment lang nachempfinden, wie sich Hoffnungslosigkeit anfühlt?

Wenn Sie das können, dann wissen Sie, wie es vielen Menschen auf dieser Welt geht.

Für viele Menschen ist das Leben wie dieser Dschungel. Kein Dschungel mit Bäumen und Tieren. Wenn es denn so einfach wäre. Es wäre schön, wenn sich unser „Dschungel" mit der Machete durchdringen ließe oder wir unsere Feinde in einem Käfig fangen könnten. Aber unser „Dschungel" ist dichter und besteht aus ansteckenden Krankheiten, gebrochenen Herzen und leeren Geldbeuteln. Unsere „Wälder" sind umgeben von Krankenhauswänden und Familiengerichten. Wir vernehmen nicht das Kreischen von Vögeln oder das Brüllen des Löwen, sondern das Jammern der Politiker und die Forderungen unserer Chefs. Die Raubtiere sind unsere Gläubiger, und das Dickicht um uns herum ist die Unsicherheit, die uns Angst einjagt.

Das Leben da draußen ist wie ein Dschungel.

Und manche, ja sogar viele, haben kaum Hoffnung. Die Hoffnungslosigkeit ist ein seltsamer Rucksack. Er ist nicht voll, sondern leer, aber gerade diese Leere macht ihn so schwer. Sie können ihn öffnen und alle Taschen durchsuchen. Sie können ihn auf den Kopf stellen und kräftig ausschütteln. Der Rucksack der Hoffnungslosigkeit ist auf schmerzliche Weise leer.

Das ist kein sehr schöner Anblick, oder? Schauen wir mal, ob wir ihn etwas aufhübschen können. Eben haben wir uns vorgestellt, allein zu sein. Ob wir uns wohl auch vorstellen können, gerettet zu werden? Was wäre nötig, um Ihnen neue Hoffnung zu schenken? Was brauchen Sie, um wieder neue Kraft für Ihre Reise zu bekommen?

Es gibt zwar unzählige Antworten auf diese Frage, aber drei kommen einem sofort in den Sinn.

Die erste wäre ein Mensch. Nicht irgendein Mensch. Sie brauchen niemanden, der genauso verloren ist wie Sie. Sie brauchen jemanden, der den Weg aus dem Dschungel kennt. Jemanden, dem Sie vertrauen können.

Und dieser Jemand muss Ihnen eine Vision vermitteln. Sie brauchen eine Person, die Sie aufheitert. Sie brauchen jemanden, der Sie ansieht und sagt: „Das ist nicht das Ende. Gib nicht auf. Du kannst von vorn anfangen. Es gibt einen besseren Ort und ich werde dich dort hinbringen."

Und vor allem brauchen Sie eine Richtung. Wenn Sie zwar einen anderen Menschen, aber keine neue Vision haben, dann haben Sie nur jemanden, der Ihnen im Dschungel Gesellschaft leistet. Wenn der Betreffende wiederum eine Vision hat, aber die Richtung nicht kennt, dann haben Sie einen Träumer, der Ihnen Gesellschaft leistet. Aber wenn Sie jemanden haben, der die Richtung kennt – der Sie von dort an den richtigen Ort bringen kann –, dann haben Sie jemanden, der Ihnen neue Hoffnung schenken kann.

Oder um es mit Davids Worten auszudrücken: „Er gibt mir neue Kraft" (Psalm 23,3; Hfa).

Unser Hirte ist ganz groß darin, uns neue Hoffnung zu schenken. Ganz gleich, ob Sie ein Schaf sind, das sich in Felsspalten verirrt hat, oder ein Großstadtmensch allein mitten im Dschungel: Alles wird anders, wenn der Retter auf den Plan tritt.

Ihre Einsamkeit schwindet, weil Sie Gemeinschaft haben.

Ihre Verzweiflung lässt nach, weil Sie jetzt Weitblick besitzen.

Ihre Verwirrung klärt sich, weil Sie die richtige Richtung kennen.

Man beachte: Sie sitzen immer noch im Dschungel fest. Die Blätter verdecken immer noch den Himmel und die Dornen zerkratzen immer noch Ihre Haut. Tiere liegen auf der Lauer und Nager huschen im Unterholz davon. Der Dschungel ist immer noch der Dschungel. Er hat sich nicht verändert, aber Sie. Sie haben sich verändert, weil Sie wieder Hoffnung haben. Und Sie haben Hoffnung, weil Sie jemanden getroffen haben, der Sie hinausführen kann.

Ihr Hirte weiß, dass Sie nicht für diesen Ort geschaffen wurden. Er weiß, dass Sie nicht für diesen Ort ausgerüstet sind. Deshalb ist er gekommen, um Sie hinauszuführen.

Er ist genau der Richtige dafür.

Er hat die richtige Vision. Er erinnert Sie daran, „dass ihr in dieser Welt Fremde seid; sie ist nicht eure Heimat" (1. Petrus 2,11; Hfa). Und er spornt Sie an, den Blick vom Dschungel um Sie herum zu lösen und nach oben in den Himmel zu schauen. „Schlurft nicht mit gesenktem Blick durch die Gegend, völlig versunken in die Dinge um euch herum. Seht auf, und achtet auf das, was um Christus herum passiert. ... Seht die Dinge aus *seiner* Perspektive" (Kolosser 3,2; Übertragung von *The Message*).

David drückte es so aus: „Ich schaue hinauf zu den Bergen – woher wird meine Hilfe kommen? Meine Hilfe kommt vom Herrn, der Himmel und Erde gemacht hat. Er wird nicht zulassen, dass du stolperst und fällst; der dich behütet, schläft nicht.... Der Herr selbst behütet dich!... Die Sonne wird dir am Tag nichts anhaben noch der Mond bei Nacht. Der Herr behütet dich vor allem Unheil und bewahrt dein Leben" (Psalm 121,1–3.5–7).

Gott, Ihr Retter, hat den Weitblick. Und er kennt die richtige Richtung. Er hat die gewagteste Behauptung überhaupt aufgestellt, als er verkündete: „Ich bin der Weg" (Johannes 14,6). Die Menschen fragten sich, ob das stimmte. Und er hat ihre Fragen beantwortet, indem er einen Weg durch das dichte Unterholz von Sünde und Tod gebahnt hat... und lebendig wieder aus dem Dschungel herauskam. Er ist der Einzige, der das je geschafft hat. Und er ist der Einzige, der Ihnen und mir helfen kann, es auch zu schaffen.

Er hat Weitblick, denn er hat die Heimat gesehen. Er kennt auch die richtige Richtung: Er hat den Weg gebahnt. Aber vor allem ist er die richtige Person dafür, weil er unser Gott ist. Wer kennt den Dschungel besser als der, der ihn erschaffen hat? Und wer kennt die Gefahren auf den Trampelpfaden besser als der, der ihn schon einmal gegangen ist?

Es gibt eine Geschichte über einen Mann, der sich im Rahmen einer Safari tief im afrikanischen Dschungel befindet. Der Führer geht voraus und hackt mit der Machete einen Weg durch die hohen Gräser und das dichte Gestrüpp. Der Reisende ist müde, und ihm ist heiß, und entnervt will er wissen: „Wo sind wir hier? Wissen Sie denn überhaupt, wo Sie mich hinführen? Wo ist der Weg?" Der erfahrene Führer bleibt stehen, wirft dem Mann einen Blick zu und erwidert: „Ich bin der Weg."

Wir stellen die gleichen Fragen, nicht wahr? Auch wir wollen von Gott wissen: „Wohin führst du mich? Wo ist der

Weg?“ Und genau wie dieser Führer verrät er es uns nicht. Er gibt uns vielleicht ein, zwei kleine Hinweise, aber mehr nicht. Und wenn er es täte, würden wir es dann verstehen? Würden wir unseren Standort begreifen? Nein, genau wie jener Reisende sind wir mit dem Dschungel nicht vertraut. Statt einer Antwort gibt uns Jesus also etwas viel Besseres: Er gibt uns sich selbst.

Rodet er den Dschungel? Nein, die Vegetation ist immer noch genauso dicht.

Rottet er die Raubtiere aus? Nein, die Gefahr lauert weiterhin.

Jesus schenkt uns nicht etwa dadurch neue Hoffnung, dass er den Dschungel verändert. Er schenkt uns neue Hoffnung, indem er uns sich selbst schenkt. Und er hat versprochen, bis ganz zum Schluss bei uns zu bleiben: „Ich versichere euch: Ich bin immer bei euch bis ans Ende der Zeit“ (Matthäus 28,20).

Daran müssen wir immer wieder erinnert werden. Wir alle müssen immer wieder darauf hingewiesen werden. Denn wir alle brauchen Hoffnung.

Vielleicht brauchen Sie sie in diesem Augenblick nicht. In Ihrem Dschungel ist gerade eine Lichtung aufgetaucht und Ihre Reise ist angenehm. Wenn das der Fall ist, dann: Herzlichen Glückwunsch! Aber denken Sie daran, dass wir nicht wissen, was morgen geschieht. Wir wissen nicht, wo uns unser Weg hinführt. Vielleicht befindet sich gleich hinter der nächsten Biegung ein Friedhof, ein Virus oder ein leeres Haus. Vielleicht folgt nach der nächsten Kurve schon der nächste Dschungel.

Auch wenn Sie heute keine Portion Hoffnung brauchen,

dann vielleicht morgen. Und dann müssen Sie wissen, an wen Sie sich wenden können.

Oder vielleicht brauchen Sie ja auch heute neue Hoffnung. Sie wissen, dass Sie nicht für diesen Ort geschaffen wurden. Sie wissen, dass Sie nicht dafür ausgerüstet sind. Sie wünschen sich jemanden, der Sie hier herausführt.

Wenn das der Fall ist, dann setzen Sie Ihr Vertrauen auf den Hirten. Er kennt den Weg, der zu Ihrem Neuanfang führt. Und er wartet nur darauf, dass Sie mit ihm dorthin gehen.

Kapitel 2

Überlassen Sie Ihre Ängste Ihrem Vater

Auch wenn ich durch das dunkle Tal des Todes gehe, fürchte ich mich nicht.
Psalm 23,4

Dieser Gesichtsausdruck von Jesus – wir sind etwas verwirrt. So haben wir ihn noch nie gesehen.

Ein lächelnder Jesus – ja.

Ein weinender Jesus – natürlich.

Ein streng dreinblickender Jesus – auch das.

Aber Jesus in Todesangst? Tränen laufen ihm über die Wangen? Der Angstschweiß steht ihm auf der Stirn? Blut rinnt von seinem Kinn? Sie erinnern sich doch bestimmt an jene Nacht:

Dann verließ Jesus zusammen mit seinen Jüngern den
Raum und sie gingen wie gewohnt zum Ölberg.
Dort forderte er sie auf: „Betet, damit ihr der
Versuchung nicht erliegt."
Er entfernte sich etwa einen Steinwurf weit, kniete nieder
und betete: „Vater, wenn du willst, dann lass diesen Kelch
des Leides an mir vorübergehen. Doch ich will deinen
Willen tun, nicht meinen."
Da erschien ein Engel vom Himmel und stärkte ihn.
Aber er war von Angst erfüllt und betete noch heftiger
und kämpfte so sehr, dass sein Schweiß wie Blut auf die
Erde tropfte.

Lukas 22,39–44

In meiner Kinderbibel gab es damals auch ein Bild, das Jesus im Garten Gethsemane zeigte. Sein Gesichtsausdruck war sanft, und er hatte die Hände ruhig gefaltet, während er neben einem Felsen kniete und betete. Jesus wirkte friedlich. Doch die entsprechenden Berichte in den Evangelien zerstören diese schöne Bild. Markus schrieb, er „warf sich zu Boden“ (Markus 14,35). Matthäus berichtete: „Er war sehr traurig, und schreckliche Angst quälte ihn“ (Matthäus 26,37). Lukas zufolge war Jesus „von Angst erfüllt“ (Vers 44).

Wie würden Sie die Szene malen, wenn Sie diese Bibelverse im Hinterkopf haben? Jesus ausgestreckt am Boden? Das Gesicht im Staub? Ausgestreckte Hände, die sich an Grasbüschel klammern? Ein Körper, der vor Schluchzen bebt? Das Gesicht verzerrt wie in einem kaputten Spiegel?

Was fangen wir mit diesem Bild von Jesus an?

Ganz einfach: Wir schauen es uns an, wenn es uns genauso geht. Wir lesen diese Verse, wenn wir uns genauso fühlen. Wir lesen sie, wenn wir Angst haben. Ist es nicht sehr wahrscheinlich, dass Jesus unter anderem Angst verspürte? Man könnte sogar behaupten, dass Jesus hauptsächlich Angst verspürte. In seiner Zukunft erwartete ihn etwas so Grimmiges, so Düsteres, dass er um eine Planänderung flehte. „Vater, wenn du willst, dann lass diesen Kelch des Leides an mir vorübergehen“ (Vers 42).

Wann würden Sie solche Worte beten? Wenn Sie das Haus verlassen? Wenn Sie von einer Menschenmenge umgeben sind? Wenn Sie ins Krankenhaus müssen? Wenn Sie in ein Flugzeug steigen? Wenn Sie vor Menschen sprechen müssen? Wenn Sie eine neue Arbeitsstelle antreten? Wenn Sie heiraten? Wenn Sie auf der Autobahn unterwegs sind? Was

Ihnen Angst bereitet, kommt anderen vielleicht wie eine Kleinigkeit vor. Aber Sie sind vor Angst ganz erstarrt, Ihr Herz pocht und treibt Ihnen das Blut ins Gesicht. Genauso ging es Jesus.

Er hatte solche Angst, dass er blutete. Ärzte haben einen Fachbegriff dafür: Hämhidrose. Starke Ängste bringen eine extreme innere und äußere Anspannung mit sich, was wiederum zum Platzen von Hautäderchen führt. Das austretende Blut fließt mit Schweiß vermischt über die Poren ab.

Jesus war mehr als nur angespannt; er hatte Angst. Todesangst. Angst ist der große Bruder der Sorge. Wenn Sorge ein Seesack ist, dann ist Angst ein mit Beton gefüllter Reisekoffer. Sie können ihn keinen Millimeter bewegen.

Es ist schon erstaunlich, dass Jesus solche Angst verspürte. Aber es ist sehr nett, dass er uns davon erzählt. Bei uns ist das eher andersherum: Wir verdrängen unsere Ängste. Wir unterdrücken sie. Wir stecken unsere verschwitzten Hände in die Hosentaschen und erzählen niemandem davon, dass wir ein mulmiges Gefühl im Bauch und einen trockenen Mund haben. Bei Jesus ist das anders. Er tut nicht so, als sei er stark. Und wir lesen davon, dass er Gott um Kraft bittet.

„Vater, wenn du willst, dann lass diesen Kelch des Leides an mir vorübergehen." Der Erste, der von seiner Angst erfährt, ist sein Vater. Er hätte ja auch zu seiner Mutter gehen können. Er hätte sich seinen Jüngern anvertrauen können. Er hätte ein Gebetstreffen einberufen können. All das wäre sinnvoll und angemessen gewesen, aber nichts davon hatte für ihn Priorität. Er wandte sich zuerst an seinen Vater.

Im Gegensatz dazu neigen wir dazu, überall hinzugehen – nur nicht zu Gott. Wir gehen in die Kneipe oder zu einem

Freund, wenden uns an den Seelsorger oder lesen ein Selbsthilfebuch. Jesus nicht. Der Erste, der von seiner Angst erfuhr, war sein Vater im Himmel.

Tausend Jahr vor diesen Ereignissen drängte David diejenigen, die Angst haben, es genauso zu machen: „Auch wenn ich durch das dunkle Tal des Todes gehe, fürchte ich mich nicht." Wie konnte David so etwas behaupten? Weil er wusste, wohin er seinen Blick richten musste. „... du bist an meiner Seite. Dein Stecken und Stab schützen und trösten mich" (Psalm 23,4).

Statt sich an die anderen Schafe zu wenden, wandte David sich an den Hirten. Statt auf die Probleme zu starren, sah er auf den Stecken und den Stab des Hirten. Weil er wusste, wohin er schauen musste, konnte David sagen: „Ich fürchte mich nicht."

Wie konnte Jesus die Todesangst vor der Kreuzigung ertragen? Er wandte sich mit seiner Angst zuerst an den Vater. Er lebte die Worte aus Psalm 56,4 vor: „Doch wenn ich Angst habe, vertraue ich dir."

Machen Sie es genauso. Machen Sie keinen Bogen um den „Garten Gethsemane" in Ihrem Leben. Gehen Sie hinein. Aber gehen Sie nicht allein hinein. Und wenn Sie drin sind, dann seien Sie ehrlich. Sie dürfen mit der Faust auf den Boden hauen. Tränen sind Ihnen ebenfalls gestattet. Und wenn Sie Blut und Wasser schwitzen, dann sind Sie nicht der oder die Erste, denen es so geht. Machen Sie es wie Jesus: Machen Sie Ihrem Herzen Luft.

Und nennen Sie die Dinge beim Namen. Jesus hat das jedenfalls getan. „Lass *diesen* Kelch des Leides an mir vorübergehen", betete er. Nennen Sie Gott das Datum des Ereignisses.

Sagen Sie ihm die Flugnummer. Erzählen Sie ihm von dem Arzttermin. Berichten Sie ihm in allen Einzelheiten von der neuen Stelle. Er hat viel Zeit. Und er hat viel Mitgefühl.

Er hält Ihre Ängste nicht für dumm oder albern. Er wird nicht sagen, dass Sie sich zusammenreißen oder die Zähne zusammenbeißen sollen. Er war schon dort, wo Sie jetzt sind. Er weiß aus eigener Erfahrung, wie Sie sich fühlen.

Und er weiß, was Sie brauchen. Deshalb unterstreichen wir unsere Gebete oft so wie Jesus mit den Worten „... wenn du willst“ – „Wenn es dein Wille ist ...“.

Wollte Gott? Ja und nein. Er hat ihm das Kreuz nicht erspart, aber er hat ihm die Angst genommen. Gott hat zwar den Sturm nicht gestillt, aber den Seemann beruhigt.

Wer kann behaupten, dass er das Gleiche nicht auch für Sie tun wird?

„Sorgt euch um nichts, sondern betet um alles. Sagt Gott, was ihr braucht, und dankt ihm“ (Philipper 4,6).

Messen Sie nicht nach, wie groß und hoch der Berg ist, der sich vor Ihnen auftürmt, sondern sprechen Sie mit dem, der diesen Berg versetzen kann. Statt die ganze Welt auf Ihren Schultern zu tragen, sollten Sie mit dem sprechen, der das Universum in seinen Händen hält. Die Hoffnung ist nur einen Blick weit entfernt.

Wohin werden Sie Ihren Blick richten?

Kapitel 3

Mit geschlossenen Augen sehen

Was ist nun also der Glaube?
Er ist … die Überzeugung,
dass das, was man nicht sieht, existiert.
Hebräer 11,1

Als meine Töchter noch klein waren, habe ich ein Experiment mit ihnen gemacht, um ihnen beizubringen, mit geschlossenen Augen zu sehen. Ich forderte Jenna, die damals acht war, auf, auf die eine Seite des Wohnzimmers zu gehen. Die sechsjährige Andrea sollte sich auf die andere Seite des Raums stellen. Die dreijährige Sara und ich saßen währenddessen auf dem Sofa in der Mitte und sahen ihnen zu. Andrea hatte die Aufgabe, für Jenna zu sehen und sie mithilfe von Anweisungen sicher durch den Raum zu führen.

Mit Anweisungen wie „Zwei kleine Schritte nach links" und „Jetzt vier große Schritte geradeaus" steuerte Andrea ihre Schwester erfolgreich durch ein gefährliches Labyrinth aus Stühlen, einem Staubsauger und einem Wäschekorb.

Dann wurden die Rollen vertauscht und Jenna war an der Reihe. Sie führte Andrea an der Lieblingslampe ihrer Mutter vorbei und stieß gerade noch rechtzeitig einen Warnruf aus, bevor ihre Schwester gegen die Wand lief, weil sie den rechten und den linken Fuß verwechselt hatte.

Nach mehreren Durchgängen machten wir Pause und unterhielten uns über das Erlebte.

„Mir hat es nicht gefallen", beklagte Jenna sich. „Es macht mir Angst, irgendwo hinzugehen, ohne etwas zu sehen."

„Ich hatte Angst, dass ich hinfallen würde", pflichtete Andrea ihr bei. „Ich habe immer nur ganz kleine Schritte gemacht, um sicher zu sein."

Das kommt mir bekannt vor – Ihnen auch? Wir Erwachsenen mögen die Dunkelheit auch nicht, aber gezwungenermaßen müssen wir darin umhergehen. Genau wie Jenna beklagen wir uns häufig darüber, dass es uns Angst macht, wenn man nichts sieht. Und genau wie Andrea machen wir oft aus Furcht nur ganz kleine Schritte, damit wir nicht stolpern.

Wir haben auch allen Grund, vorsichtig zu sein: Wir sind blind. Zumindest in gewisser Hinsicht. Wir können nicht in die Zukunft schauen. Wir können einfach nicht über den Tellerrand der Gegenwart hinausschauen. Ich spreche hier nicht von Kurzsichtigkeit oder einer eingeschränkten Sehfähigkeit. Ich spreche von absoluter Blindheit. Ich meine auch nichts, das verschwindet, wenn wir erwachsen werden; ich spreche von einem Zustand, der erst mit dem Tod verschwindet. Wir sind blind. Blind, was die Zukunft betrifft.

Und das ist eine Einschränkung, die wir alle gemeinsam haben. Die Reichen sind in dieser Hinsicht genauso blind wie die Armen. Die Gebildeten sehen genauso wenig wie die Ungebildeten. Und die Promis wissen genauso wenig über die Zukunft wie diejenigen, die niemand kennt.

Keiner von uns weiß, was einmal aus seinen Kindern wird. Keiner von uns weiß, wann er oder sie sterben wird. Keiner von uns weiß, ob es noch einmal eine Pandemie geben wird. Wir sind umfassend, absolut, unabänderlich blind.

Wir sind alle wie Jenna, die sich mit geschlossenen Augen durch ein dunkles Zimmer tastet und auf eine ihr vertraute Stimme lauscht – nur mit einem Unterschied: Sie befand sich in einer ihr vertrauten und freundlich gesinnten Umgebung. Unsere Umgebung kann uns feindlich gesinnt und tödlich sein. Ihre größte Angst bestand darin, sich den Zeh anzustoßen. Unsere größte Angst ist weitaus schrecklicher: Krebs, Scheidung, Einsamkeit, Tod.

Und wenn wir uns auch noch so sehr anstrengen, so aufrecht wie möglich zu gehen: Die Wahrscheinlichkeit ist groß, dass wir uns einmal den „Zeh" anstoßen und uns wehtun.

Fragen Sie nur einmal Jaïrus. Er ist ein Mann, der sich mit aller Kraft darum bemüht, auf dem richtigen Weg zu bleiben. Aber dieser Weg macht eine unerwartete Wende und führt ihn in eine Höhle – eine dunkle Höhle. Und er möchte nicht allein hineingehen.

Jaïrus ist der Leiter der örtlichen Synagoge. Für Sie und mich bedeutet das vielleicht nicht viel, aber zu Lebzeiten von Jesus war der Synagogenvorsteher der wichtigste Mann des ganzen Ortes. Die Synagoge war das Zentrum von Glaube, Bildung, Macht und gesellschaftlichen Aktivitäten. Der Vorsteher der Synagoge war der ranghöchste religiöse Führer, der angesehenste Gelehrte, der Bürgermeister und der bekannteste Bürger der Stadt – alles in einer Person.

Und Jaïrus hat alles, was man sich nur wünschen kann. Er hat einen sicheren Arbeitsplatz. Eine Altersvorsorge. Wird im Café um die Ecke immer höflich begrüßt. Geht jeden Donnerstag eine Runde Golf spielen und nimmt jedes Jahr an einer landesweiten Konferenz teil – die Kosten werden von anderen übernommen.

Was könnte man mehr verlangen? Aber Jaïrus tut genau das: Er will mehr. Er *muss* um mehr bitten. Er würde sogar all die Vergünstigungen und Privilegien gegen eine einzige Zusicherung eintauschen – für die Zusicherung, dass seine Tochter nicht stirbt.

Der Jaïrus, den wir in dieser Geschichte kennenlernen,

ist nicht der selbstbewusste, geschniegelte Leiter mit klarer Vision und schwarzem Anzug. Er ist vielmehr ein Blinder, der um eine milde Gabe bettelt. Er wirft sich Jesus zu Füßen „und bat ihn inständig, seine kleine Tochter zu heilen. ‚Sie liegt im Sterben', sagte er verzweifelt. ‚Bitte, komm und lege ihr deine Hände auf; mach sie gesund, damit sie am Leben bleibt'" (Markus 5,23).

Er versucht nicht, mit Jesus zu feilschen. („Wenn du mir einen Gefallen tust, sorge ich dafür, dass du für den Rest deines Lebens ausgesorgt hast.") Er verhandelt nicht mit Jesus. („Die Jungs in Jerusalem sind ziemlich gereizt, weil du für so viel Wirbel sorgst. Ich mach dir einen Vorschlag: Du kümmerst dich um mein Problem und ich häng mich mal für dich ans Telefon …") Er bringt auch keine Entschuldigungen vor. („Jesus, normalerweise drängle ich nicht so, aber ich habe da ein ernstes Problem …")

Er fleht einfach nur.

Es gibt Momente im Leben, wo alles, was man zu bieten hat, nichts ist im Vergleich zu dem, worum man bittet. Jaïrus ist an einem solchen Punkt angelangt. Was kann ein Mann im Austausch für das Leben seiner Tochter geben? Es ist also keine Zeit für Spielchen, für Verhandlungen, für Maskeraden. Die Situation ist erschreckend einfach: Jaïrus ist blind, was die Zukunft anbelangt, und Jesus kennt die Zukunft. Also bittet Jaïrus ihn um Hilfe.

Und Jesus, der es liebt, Menschen einen Neuanfang zu schenken, ermöglicht ihm diesen.

Und Gott, der weiß, was es bedeutet, ein Kind zu verlieren, gibt seinem Sohn die nötige Kraft dafür.

Doch Jesus und Jaïrus haben das Haus des Vorstehers

noch nicht erreicht, als sie auch schon von einigen Personen aufgehalten werden, die gerade von dort kommen.

„Deine Tochter ist tot. Du brauchst den Lehrer nicht mehr zu bemühen" (Vers 35).

Achtung! Halten Sie sich gut fest. Das ist der Punkt, an dem Bewegung in die Geschichte kommt. Jesus wechselt den Platz: Er wird nicht länger geführt, sondern übernimmt die Führung. Jaïrus muss ihn nicht länger überzeugen, er muss Jaïrus überzeugen. Er wird nicht länger bewundert, sondern ausgelacht. Er hilft den Menschen nicht länger, sondern wirft sie hinaus.

Jetzt nimmt Jesus die Situation in die Hand.

„Jesus aber hörte nicht auf das, was da gesagt wurde..." (Vers 36; LÜ).

Ich liebe diesen Satz! Er beschreibt das Grundprinzip, das gilt, wenn man das Unsichtbare sehen will: Hören Sie nicht auf das, was die Leute sagen! Ignorieren Sie es einfach. Machen Sie die Augen zu. Verschließen Sie Ihre Ohren. Und wenn nötig, gehen Sie solchen Menschen aus dem Weg.

Ignorieren Sie diejenigen, die behaupten, es sei zu spät für einen Neuanfang.

Hören Sie nicht auf jene, die sagen, dass Sie es nie zu etwas bringen werden.

Verschließen Sie Ihre Ohren vor denen, die meinen, Sie seien nicht klug genug, schnell genug, groß genug, wichtig genug – ignorieren Sie solche Menschen.

Glaube fängt manchmal damit an, dass wir uns die Ohren zuhalten.

Jesus wendet sich jedenfalls sofort an Jaïrus und drängt ihn: „Hab keine Angst. Glaube nur" (Vers 36).

Jesus fordert Jaïrus auf, das Unsichtbare zu sehen. Mit den Worten „Glaube nur…" beschwört Jesus Jaïrus regelrecht: „Begrenze das, was möglich ist, nicht auf das Sichtbare. Höre nicht nur auf das, was du mit deinen Ohren vernehmen kannst. Lass dich nicht von der Logik leiten. Glaub einfach daran, dass es im Leben mehr gibt als das, was du sehen kannst!"

„Vertrau mir", sagt Jesus. „Hab keine Angst. Glaube nur."

Ein Vater auf den Bahamas rief seinem Sohn, der in einem brennenden Haus eingeschlossen war, dieselbe flehentliche Bitte zu. Das zweistöckige Gebäude brannte bereits lichterloh, und die Familie – Vater, Mutter und mehrere Kinder – floh nach draußen. Doch der jüngste Sohn, von Angst gepackt, drehte sich um und lief die Treppe wieder hinauf. Nun rief der Vater ihm von draußen zu: „Spring, mein Junge, spring! Ich fang dich auf."

Doch der Junge schrie: „Aber ich kann dich nicht sehen, Papa!"

„Ich weiß", rief sein Vater zurück, „aber ich sehe dich."

Der Vater konnte sehen, auch wenn der Sohn nichts sah.

Ein ähnliches Beispiel für diese Art Vertrauen fand man an einer Mauer des Warschauer Ghettos. Auf diese hatte ein Gefangener folgende Worte gekritzelt:

Ich glaube an die Sonne,
auch wenn sie nicht scheint.
Ich glaube an die Liebe,
auch wenn ich sie nicht spüre.
Ich glaube an Gott,
auch wenn ich ihn nicht sehe.

Ich versuche, mir vorzustellen, wer diese Worte auf die Mauer gekritzelt hat. Ich versuche, mir die abgemagerte Hand vorzustellen, die diese Gedanken mit einer Glasscherbe oder einem Kohlestift niedergeschrieben hat. Ich versuche, mir vorzustellen, wie seine Augen die Dunkelheit zu durchdringen suchen.

Welche Hand konnte diese Überzeugung auf die Wand gekritzelt haben? Welche Augen konnten in diesem Grauen immer noch das Gute sehen?

Es gibt nur eine Antwort: Augen, die beschlossen hatten, das Unsichtbare zu sehen.

Wie Paulus schon schrieb: „So sind wir nicht auf das Schwere fixiert, das wir jetzt sehen, sondern blicken nach vorn auf das, was wir noch nicht gesehen haben. Denn die Sorgen, die wir jetzt vor uns sehen, werden bald vorüber sein, aber die Freude, die wir noch nicht gesehen haben, wird ewig dauern" (2. Korinther 4,18).

Jesus fordert Jaïrus auf, das Unsichtbare zu sehen. Eine Entscheidung zu treffen. Entweder mit den vermeintlichen Tatsachen zu leben oder nach vorn auf das zu blicken, was er noch nicht gesehen hat. Und wenn uns eine Tragödie trifft, stehen auch wir vor der Entscheidung, worauf wir unseren Blick richten: Wir können entweder auf den Schmerz schauen oder auf den, der diesen Schmerz heilen kann.

Die Entscheidung liegt bei uns.

Auch Jaïrus trifft eine Entscheidung. Er entscheidet sich für den Glauben und für Jesus ... und der Glaube *an* Jesus führt ihn *zu* seiner Tochter.

Als sie am Haus von Jaïrus angekommen sind, finden er und Jesus eine weinende Menschenmenge vor. Jesus ist über ihr Klagen irritiert. Es beunruhigt ihn, dass in ihrem Verhalten so viel Angst vor dem Tod sichtbar wird. „Warum sind alle so aufgeregt und weinen? Das Kind ist nicht tot; es schläft nur“ (Markus 5,39).

Das ist keine rhetorische Frage. Sie ist ernst gemeint. Aus seiner Sicht ist das Mädchen nicht tot – es schläft nur. Aus Gottes Sicht ist der Tod nicht von Dauer. Er ist ein notwendiger Schritt, um von dieser Welt in die nächste zu gelangen. Der Tod ist nicht das Ende; er ist der Anfang.

Als kleiner Junge liebte ich zwei Dinge ganz besonders: spielen und essen. Der Sommer war wie dazu gemacht, nachmittags Baseball zu spielen und später an Mutters Tisch zu Abend zu essen. Aber meine Mutter hatte eine feste Regel: An ihrem Tisch durften keine schmutzigen, verschwitzten Jungs sitzen. Wenn wir nach Hause kamen, lauteten daher ihre ersten Worte immer: „Los, wascht euch und zieht euch um, wenn ihr was essen wollt.“

Kein Junge badet gern oder zieht sich gern um, aber ich habe mich nie beklagt oder meiner Mutter widersprochen. Die Worte „Ich will lieber stinken, als zum Essen zu kommen!“ kamen nie über meine Lippen. Nach meiner Einschätzung waren ein Bad und ein sauberes Hemd ein kleiner Preis für ein gutes Essen.

Und aus Gottes Sicht ist der Tod ein kleiner Preis für das Vorrecht, an seinem Tisch sitzen zu dürfen. „... dass Fleisch und Blut das Reich Gottes nicht erben können. Der vergängliche Körper, den wir jetzt haben, kann nicht ewig leben. ... Denn unser vergänglicher irdischer Körper *muss* in einen himmlischen Körper verwandelt werden, der nicht mehr sterben wird“ (1. Korinther 15,50.53; Hervorhebung des Autors).

Gott ist in dieser Hinsicht sogar noch unerbittlicher, als meine Mutter es war. Wenn wir an seinem Tisch sitzen wollen, *müssen* wir unsere Kleidung wechseln. Und wir müssen sterben, damit unser Körper gegen einen neuen ausgetauscht werden kann. Aus Gottes Sicht ist der Tod also nichts, wovor man sich fürchten müsste; wir sollten ihn willkommen heißen.

Und wenn er sieht, dass Menschen über den Tod klagen und weinen, dann möchte er wissen: „Warum weint ihr?" (Markus 5,39; Hfa).

Wenn wir den Tod sehen, dann sehen wir eine Tragödie. Wenn Jesus den Tod sieht, sieht er Erlösung.

Diese Erkenntnis ist für die Menschen zu hoch. „Da lachten sie ihn aus" (Vers 40). (Wenn Sie das nächste Mal ausgelacht werden, sollten Sie vielleicht daran denken, dass Jesus auch ausgelacht wurde.)

Schauen Sie nun ganz genau hin, denn Sie werden nicht glauben, was Jesus als Nächstes tut. Er wirft die Trauergäste hinaus! So steht es jedenfalls im Text: „Er aber trieb sie alle hinaus ..." (Vers 40; LÜ). Er bittet sie nicht einfach nur zu gehen, er *wirft* sie hinaus. Er setzt sie hochkant vor die Tür. Die Reaktion von Jesus ist entschieden und deutlich. Das Wort, das hier im Urtext verwendet wird, ist das gleiche, das auch verwendet wird, um zu beschreiben, was Jesus mit den Geldwechslern im Tempel machte. Es ist dasselbe Wort, das *38-mal* benutzt wird, um zu beschreiben, was Jesus mit den Dämonen machte.

Warum? Warum reagiert er so energisch? Warum diese Unnachgiebigkeit?

Vielleicht finden wir die Antwort, wenn wir in Gedanken

noch einmal zu den Ereignissen im Wohnzimmer zurückkehren, die ich eingangs beschrieben habe. Nachdem Jenna und Andrea einander abwechselnd durch den Raum geführt hatten, beschloss ich, ein verführerisches (eigentlich teuflisches) Element hinzuzufügen. Beim letzten Gang schlich ich mich von hinten an Jenna heran, die mit geschlossenen Augen durch den Raum tapste, und flüsterte ihr zu: „Hör nicht auf sie. Hör auf mich. Ich werde dich sicher führen."

Jenna blieb stehen. Sie überdachte die Situation und überlegte, auf welche der beiden Stimmen sie jetzt hören sollte. „Sei still Papa", sagte sie schließlich kichernd und setzte dann ihren Weg in Andreas Richtung fort.

Davon ließ ich mich allerdings nicht abwimmeln. Ich nahm einen Topfdeckel und schlug direkt neben Jennas Ohr mit einem Löffel dagegen. Sie machte einen Satz und blieb erschrocken stehen. Als Andrea sah, dass ihr kleiner Wanderer Angst bekam, tat sie etwas Großartiges. Sie rannte zu Jenna, nahm ihre Schwester in den Arm und sagte: „Keine Angst. Ich bin bei dir."

Sie ließ nicht zu, dass Jenna durch den Lärm von ihrem Weg abgebracht wurde.

Und Gott lässt nicht zu, dass der Lärm Sie von Ihrem Weg abbringt. Er wirft auch heute noch Ihre Kritiker hinaus und bringt die Stimmen, die Sie auf einen falschen Weg führen könnten, zum Schweigen.

Einen Teil seines Wirkens bekommen Sie mit. Doch der größte Teil bleibt Ihnen verborgen. Erst wenn Sie einmal zu Hause sind, werden Sie erkennen, wie oft er Sie vor katastrophalen Entscheidungen oder tödlichen Krankheiten bewahrt hat.

Notieren Sie sich: Gott weiß, dass Sie und ich „blind" sind. Er weiß, dass es uns nicht leichtfällt, aus dem Glauben und nicht aus dem Schauen zu leben. Und ich denke, das ist einer der Gründe, weshalb er Jaïrus' Tochter von den Toten auferweckt hat. Nicht um ihretwillen – sie hätte es im Himmel besser gehabt –, sondern um unsertwillen: um uns zu beizubringen, dass der Himmel es mitbekommt, wenn wir vertrauen.

Noch ein letzter Gedanke zu dem Experiment, bei dem es darum ging, mit geschlossenen Augen zu „sehen". Ich erkundigte mich bei Jenna, wie es ihr gelungen war, auf die Stimme von Andrea zu hören, die sie durch den Raum führte, als ich gleichzeitig versuchte, sie durch Flüstern abzulenken.

Sie entgegnete: „Ich habe mich einfach fest auf Andrea konzentriert und so gut, wie ich konnte, hingehört."

Kapitel 4

Geben Sie nicht auf

Aber eins steht fest:
Ich will vergessen, was hinter mir liegt,
und schaue nur noch auf das Ziel vor mir.
Philipper 3,13–14 (NGÜ)

Ich erinnere mich noch ganz genau an das Endspiel des *Super Bowl* von 1991. Ich bin kein Footballfan und habe auch kein besonders gutes Gedächtnis. Ehrlich gesagt erinnere ich mich nur an dieses eine Detail aus der Footballsaison von 1991: eine Schlagzeile. Eine Beobachtung, die wir Scott Norwoods Kick verdanken.

Er spielte damals für die *Buffalo Bills*. Die Mannschaft hatte seit 1965 keinen bedeutenderen Pokal mehr gewonnen, aber in jener Nacht in Tampa Bay standen die Sterne günstig. Das Spiel gegen die *New York Giants* ging hin und her. Als nur noch wenige Sekunden zu spielen waren, lagen die *Bills* einen Punkt hinten. Sie hatten die 29-Yard-Linie der *Giants* erreicht. Es war nur noch Zeit für einen Spielzug. Sie schauten auf ihren Kicker. Scott Norwood. Vollprofi. Niemand hatte so viele Punkte für seine Mannschaft gemacht wie er. Auf ihn war ebenso Verlass wie darauf, dass es im Winter in Buffalo Schnee gibt. In einer Saison traf er bei 32 von 37 Kicks. In dieser Saison hatte er aus dieser Entfernung schon fünfmal getroffen. Jetzt musste er ein sechstes Mal treffen.

Die ganze Welt sah zu, als Norwood seine routinemäßige Vorbereitung für den Schuss durchlief. Er blendete die Zuschauer aus, suchte sich einen Zielpunkt, entwickelte ein Gefühl für das Timing, wartete darauf, den Ball vom Center zu bekommen, um ihn Richtung Tor zu kicken. Er hielt den Kopf gesenkt und führte den Kick aus. Als er endlich aufsah, hatte der Ball das Tor schon fast erreicht. Da merkte er, dass er danebengeschossen hatte.

Die falsche Fankurve brüllte los.

Ganz Buffalo stöhnte auf.

Norwood ließ den Kopf hängen.

Eine Schlagzeile würde später lauten: „Zu weit nach rechts: Dieser Distanzschuss wird Scott Norwood ewig verfolgen."[1]

Keine Wiederholung. Keine zweite Chance. Keine Gnadenfrist. Er konnte die Zeit nicht zurückdrehen und dafür sorgen, dass der Spielzug ein anderes Ende nahm. Er musste mit den Folgen leben.

Genau wie Sie.

Als Sie Ihren Job verloren, die Prüfung in den Sand gesetzt, die Schule abgebrochen haben. Als Ihre Ehe den Bach hinunterging. Als Ihre Firma pleiteging. Als Sie versagt haben. Da wurden diese Stimmen laut. Sie waren wie wild gewordene Affen in einem Käfig. Sie verhöhnten Sie. Sie haben sie genau gehört.

Und vielleicht haben Sie auch noch in den Chor eingestimmt! Sie haben sich selbst niedergemacht, mit sich selbst geschimpft und sich Vorwürfe gemacht. Sie haben sich selbst zur lebenslangen Zwangsarbeit im Zuchthaus der geringen Selbstachtung verurteilt.

Die Stimmen des Versagens.

Wir alle versagen hin und wieder. Versagen ist so weit verbreitet, dass man sich fragt, warum nicht viel mehr Selbsthilfe-Gurus darüber sprechen. Die Buchhandlungen quellen über vor Büchern darüber, wie man erfolgreich ist. Aber ein Buch zum Thema „Wie man erfolgreich versagt" kann man lange suchen.

Vielleicht liegt es daran, dass keiner weiß, was er dazu sagen soll. Gott schon. Sein Buch richtet sich nämlich an Menschen, die eben nicht alles im Griff haben. Es ist voller Charaktere, die Mist gebaut und es vermasselt, aber eine zweite Chance bekommen haben. David war in moralischer Hinsicht gescheitert und doch gebrauchte Gott ihn. Nach den Ereignissen auf dem Berg Karmel glitt Elia in Depressionen ab, aber Gott gebrauchte ihn, um Könige zu salben und Botschaften zu überbringen. Jona hat sein wohl ehrlichstes Gebet im Bauch eines Fisches gesprochen und dann die Menschen in Ninive mit Gott bekannt gemacht.

Perfekte Heilige? Nein. Perfekte Chaoten? Auf jeden Fall. Und trotzdem hat Gott sie gebraucht. Gott handelt auch durch Menschen, die versagen – das ist die überraschende und erfreuliche Entdeckung, die wir in der Bibel machen.

Ein Ausrutscher entscheidet nicht darüber, ob jemand ein Versager ist, und man zerbricht auch nicht daran. Selbst wenn Sie versagt haben – Gott wird niemals aufhören, Sie zu lieben. Stellen Sie sich Ihrem Versagen im Vertrauen auf Gottes Güte. Er hat den Fehlschlag kommen sehen. Als Sie am östlichen Jordanufer standen, wusste Gott schon vom bevorstehenden Unglück bei Ihrem persönlichen Ai.

Trotzdem sagt er Ihnen, was er damals auch Josua gesagt hat: „Geh nun zusammen mit meinem Volk über den Jordan in das Land, das ich den Israeliten gebe" (Josua 1,2). Das Bündnis ist nicht an Bedingungen geknüpft. Es gibt kein Kleingedrucktes. Nirgendwo ist die Rede von Gegenleistungen. Gottes Angebot, das verheißene Land in Besitz zu nehmen, hängt nicht davon ab, wie perfekt Sie sind, sondern davon, wie perfekt er ist.

Sie sind in Gottes Hand, und deshalb bedeutet eine Niederlage nicht, dass Sie endgültig versagt haben. „Der Herr freut sich an einem aufrichtigen Menschen und führt ihn sicher. Auch wenn er stolpert, wird er nicht fallen, denn der Herr hält ihn fest an der Hand" (Psalm 37,23–24).

Es ist äußerst wichtig, dass Sie das verstehen. Wenn Sie diese Wahrheit nicht begreifen, verpassen Sie Ihren persönlichen Neuanfang. Sie müssen fest darauf vertrauen, dass Gottes Gnade größer ist als Ihr Versagen. Bauen Sie auf Verheißungen wie diese: „Also gibt es jetzt für die, die zu Christus Jesus gehören, keine Verurteilung mehr ... damit ... wir uns nicht länger von unserer menschlichen Natur, sondern vom Geist Gottes leiten lassen" (Römer 8,1.4).

Jeder gerät einmal ins Straucheln. Der Unterschied besteht darin, wie man damit umgeht. Manche straucheln und fallen in das Loch der Schuldgefühle. Andere stolpern und fallen in Gottes Arme. Diejenigen, die Gnade finden, finden sie, weil sie sich „vom Geist Gottes leiten lassen". Sie hören Gottes Stimme. Sie entscheiden sich bewusst dafür, aufzustehen und sich an Gottes Gnade anzulehnen.

Gott hat schon zu Josua gesagt: „Hab keine Angst und lass den Mut nicht sinken. Geh und greife Ai mit dem ganzen Heer an ..." (Josua 8,1).

Genau das hat auch der verlorene Sohn getan. Er beschloss: „Ich will zu meinem Vater nach Hause gehen ..." (Lukas 15,18).

Erinnern Sie sich an seine Geschichte? Er hatte ein Erbe erhalten, genau wie Sie. Er war Teil der Familie. Doch er verschleuderte sein Erbe durch einen zügellosen Lebensstil und falsche Entscheidungen. Vielleicht haben Sie das auch getan.

Er verlor alles bis auf den letzten Cent. Sein Weg endete in einem Schweinestall. Er musste Schweine füttern, um zu überleben.

Eines Tages war er so hungrig, dass die Pampe, die die Schweine fraßen, für ihn wie ein Feinschmeckermenü roch. Er beugte sich über den Trog, schnupperte, und ihm lief das Wasser im Mund zusammen. Er band sich eine Serviette um, holte eine Gabel aus der Tasche und streute etwas Salz auf die unansehnliche Masse. Er wollte sich gerade eine Gabel voll in den Mund schieben, als etwas in ihm aufwachte. „Moment mal. Was mache ich eigentlich hier? Ich wälze mich mit den Schweinen im Dreck?" Dann traf er eine Entscheidung, die sein Leben für immer veränderte. „Ich werde über meinen Schatten springen und zu meinem Vater gehen."

Und genau das können Sie auch tun! Vielleicht können Sie nicht alle Ihre Probleme lösen oder alle Knoten entwirren. Sie können den Schaden, den Sie angerichtet haben, vielleicht nicht wiedergutmachen. Aber Sie können über Ihren Schatten springen und zu Ihrem Vater gehen.

Im Schweinestall zu landen, ist Mist. Aber dort zu bleiben, ist einfach nur strohdumm.

Stehen Sie auf und machen Sie sich auf den Weg. Sogar der Apostel Paulus musste diese Entscheidung treffen. *„Aber eins steht fest: Ich will vergessen, was hinter mir liegt, und schaue nur noch auf das Ziel vor mir"* (Philipper 3,13–14; NGÜ).

Wer in der Vergangenheit lebt, hat keine Zukunft. Das Gestern lässt sich nicht mehr ändern, aber am Morgen kann man arbeiten. *Leben Sie nach Gottes liebevollen Plänen.*

Gott wies Josua an, noch einmal an den Ort seines Versagens zurückzukehren. „Geh und greife Ai mit dem ganzen Heer an, denn ich habe den König von Ai, sein Volk, seine Stadt und sein Land in deine Hand gegeben“ (Josua 8,1). Im Grunde sagte Gott damit zu Josua: „Lass uns noch mal von vorn anfangen, aber diesmal auf meine Weise.“

Das ließ Josua sich nicht zweimal sagen. Früh am Morgen marschierte er mit seinen Männern von Gilgal in das etwa zwanzig Kilometer entfernte Ai. Einer seiner Trupps legte auf der anderen Seite der Stadt einen Hinterhalt.[2] Dahinter standen noch einmal 5000 Mann parat (Vers 12).

Eine weitere Kompanie wurde von Josua angeführt. Sie marschierten auf die Stadt zu. Es war eine simple militärische Strategie: Josua würde angreifen, dann den Rückzug antreten und so die Soldaten von Ai aus dem Ort weglocken. Und der Plan ging auf.

Der König von Ai, der immer noch mit stolzgeschwellter Brust an seinen ersten Sieg dachte, zog los, um den zweiten Sieg zu erringen. Er marschierte auf Josua zu und ließ den Ort ungeschützt zurück. Die Eliteeinheit stürmte daraufhin hinein und steckte alles in Brand. Josua machte kehrt und nahm mit seinen Männern die Armee von Ai in die Zange. Es war ein Sieg auf ganzer Linie.

Vergleichen Sie einmal diesen Angriff mit dem ersten. Beim ersten Mal beriet sich Josua mit seinen Spähern; beim zweiten Mal hörte er auf Gott. Beim ersten Mal blieb er im Lager zurück; beim zweiten Mal führte er die Soldaten an. Am ersten Angriff waren nur wenige beteiligt; am zweiten wesentlich mehr. Beim ersten Angriff gab es keine Taktik. Der zweite war strategisch durchdacht und ausgeklügelt.

Was ich damit sagen will? Gott gab Josua einen neuen Plan: Fang noch mal von vorn an, auf meine Weise. Und als er Gottes Plan verfolgte, siegte er.

Auch Petrus entdeckte Gottes Wunder der zweiten Chance. Eines Tages benutzte Jesus sein Fischerboot als Kanzel. Am Ufer standen so viele Menschen, dass Jesus etwas Abstand brauchte. Also predigte er von Petrus' Boot aus. Anschließend wollte er mit Petrus einen Angeltrip unternehmen.

Der zukünftige Apostel hatte jedoch kein Interesse. Er war müde. Er hatte die ganze Nacht gefischt. Und er war ziemlich frustriert, weil er nichts gefangen hatte. Er zweifelte. Was verstand Jesus schon vom Fischfang? Als er seine Situation betrachtete, war Petrus etwas verlegen. Am Strand wimmelte es von Menschen. Wer versagte schon gern in aller Öffentlichkeit?

Aber Jesus bestand darauf. Und Petrus gab nach. „Aber wenn du es sagst, werde ich es noch einmal versuchen" (Lukas 5,5).

Für Petrus war das der Augenblick der Wahrheit. Er sagte damit im Grunde: „Ich fange noch einmal von vorn an – auf deine Weise." Als er das tat, fing er so viele Fische, dass das Boot beinahe gesunken wäre. Manchmal müssen wir einfach einen Neubeginn wagen und Jesus mit ins Boot nehmen.

Bleiben Sie keine Minute länger im Schweinestall. Es ist Zeit, über Ihren Schatten zu springen und aufzubrechen.

Verpassen Sie Ihre Chance nicht, weil Sie nichts tun. Es ist Zeit, loszugehen.

Gott hat Sie nicht vergessen. Kopf hoch! Sie wissen nie, welche guten Dinge noch auf Sie warten.

Scott Norwood verließ das Spielfeld damals mit gesenktem Kopf. Während der nächsten Tage verfolgte ihn der Gedanke an den missglückten Schuss unablässig. Er konnte nicht schlafen. Er fand keinen Frieden. Als die Mannschaft nach Buffalo zurückkehrte, war er immer noch aufgewühlt. Trotz der Niederlage veranstaltete die Stadt eine Feier zu Ehren ihres Teams. Der Andrang war gewaltig – es kamen zwischen 25 000 und 30 000 Menschen. Norwood ging ebenfalls hin und nahm seinen Platz auf der Tribüne bei den anderen Spielern ein.

Er versuchte, sich im Hintergrund zu halten und sich hinter den anderen zu verstecken. Aber die Fans machten ihm einen Strich durch die Rechnung. Während einer Ansprache fingen sie plötzlich an zu rufen:

„Scott!"

Die Stimmen erklangen immer lauter.

„Scott! Scott!"

Scott hielt sich weiterhin hinter seinen Mannschaftskameraden, weil er nicht wusste, was die Menge von ihm wollte.

Die Rufe wurden schließlich so laut, dass der Sprecher seine Rede unterbrechen musste. Norwoods Teamkollegen schoben ihn nach vorn. Als die Fans Scott sahen, klatschten sie ihm tosenden Beifall. Er hatte zwar das Tor verfehlt, aber sie wollten ihm zeigen, dass er trotzdem noch Teil der Gemeinschaft war.

In der Bibel heißt es, dass wir von einer großen Wolke von Zeugen umgeben sind (Hebräer 12,1). Tausende und Abertausende von geretteten Gläubigen schauen zu uns herunter. Abraham. Petrus. David. Paulus ... und Josua. Ihre

Großmutter, Ihr Onkel, Ihr Nachbar, Ihr Trainer. Sie alle haben Gottes große Gnade erlebt und feuern Sie jetzt an.

Pressen Sie Ihr Ohr einmal an den Vorhang zur Ewigkeit und hören Sie genau hin. Hören Sie sie? Sie rufen Ihren Namen. Sie feuern Sie an, damit Sie durchhalten.

„Gib nicht auf!“

„Es ist es wert!“

„Fang noch mal von vorn an!“

Vielleicht haben Sie einmal danebengeschossen, aber Sie sind immer noch Teil von Gottes Mannschaft.

Kapitel 5

Folgen Sie dem Gott, der Ihnen nachgeht

Nur Güte und Liebe verfolgen mich jeden Tag,
und ich kehre für immer ins Haus Jahwes zurück.
Psalm 23,6 (NeÜ)

Eric Hill hatte alles, was man für eine vielversprechende Zukunft braucht. Er war 28 und hatte gerade seinen Uniabschluss gemacht. Er war athletisch gebaut und hatte ein sanftes Lächeln. Seine Familie liebte ihn, die jungen Frauen warfen ihm Blicke zu, und verschiedene Unternehmen hatten ihm bereits einen Job angeboten. Obwohl Eric äußerlich ruhig wirkte, war er innerlich aufgewühlt. Er wurde von Stimmen verfolgt, die er einfach nicht zum Schweigen bringen konnte. Bilder gingen ihm durch den Kopf, die er nicht vergessen konnte. In der Hoffnung, all diese Dinge hinter sich zu lassen, ließ er alles hinter sich. An einem grauen, verregneten Tag im Februar 1982 ging Eric Hill zur Hintertür seines Hauses in Florida hinaus und kam nie mehr zurück.

Seine Schwester Debbie erinnert sich noch daran, dass sie sah, wie er ging – eine hochgewachsene Gestalt, die die Schnellstraße entlangtrottete. Sie ging davon aus, dass er bald zurückkommen würde. Aber er kam nicht. Sie hoffte, er würde anrufen. Aber das tat er nicht. Sie dachte, sie könnte ihn finden. Aber das gelang ihr nicht. Nur Gott und Eric wissen, wohin er ging, und keiner von beiden hat es jemals jemandem verraten. Wir wissen nur, dass Eric eine Stimme hörte. Und diese Stimme gab ihm einen „Auftrag". Und dieser Auftrag bestand darin, an einer Straße im texanischen San Antonio Müll aufzulesen.

Für die Pendler auf der Interstate 10 war die schlaksige Gestalt mit dem bärtigen Gesicht ein vertrauter Anblick. Sein

Zuhause war ein Loch auf einem verlassenen Grundstück. Seine Garderobe bestand aus zerrissenen Hosen und einem abgetragenen Pulli. Ein alter Hut schirmte die Sommersonne ab und eine um die Schultern gelegte Plastiktüte den Winterfrost. Mit seiner wettergegerbten Haut und den hängenden Schultern sah er doppelt so alt aus, wie er mit seinen 44 Jahren in Wirklichkeit war. Aber 16 Jahre auf der Straße lassen einen Menschen eben altern.

So lange hatte Debbie ihren Bruder nun schon nicht mehr gesehen. Vielleicht hätte sie ihn niemals wieder zu Gesicht bekommen, wenn nicht gerade zwei Umstände zusammengekommen wären. Zum einen wollte ein Autohändler auf dem Grundstück, auf dem Eric hauste, ein neues Autohaus bauen. Zum anderen war da jener unerträgliche Schmerz in seinem Unterleib. Das Autohaus kostete ihn sein Zuhause, die Schmerzen beinahe das Leben.

Rettungssanitäter fanden ihn zusammengerollt am Straßenrand; die Hände hatte er auf seinen Bauch gepresst. Eine Untersuchung im Krankenhaus ergab, dass Eric Krebs hatte. Krebs im Endstadium. Er hatte nur noch wenige Monate zu leben. Und da er weder Freunde noch Angehörige hatte, bedeutete dies für ihn, dass er einsam sterben würde.

Sein vom Gericht bestellter Betreuer konnte sich jedoch nicht mit diesem Gedanken anfreunden. „Irgendjemand muss doch nach Eric suchen", überlegte er. Also durchforstete der Anwalt das Internet nach jemandem, der nach einem braunhaarigen Mann namens Hill suchte. Und so stieß er auf Debbie.

Die Beschreibung, die er ihr gab, schien zu stimmen, doch Debbie musste es einfach ganz genau wissen.

Also kam Debbie nach Texas. Sie nahm sich mit ihrem Mann und den beiden Kindern ein Hotelzimmer und machte sich auf die Suche nach Eric. Dieser war inzwischen aus dem Krankenhaus entlassen worden, aber der dortige Seelsorger wusste, wo er war. Sie fanden ihn nicht weit von der Autobahn entfernt gegen eine Hauswand gelehnt. Als sie näher kamen, erhob er sich. Sie boten ihm etwas Obst an, doch er lehnte ab. Auch den Saft schlug er aus. Er reagierte höflich, doch er zeigte sich wenig beeindruckt von diesen Leuten, die behaupteten, seine Familie zu sein.

Etwas schien sich zu ändern, als Debbie ihm fragend eine Anstecknadel mit einem Engel anbot. Er nickte zustimmend. Als sie ihm die Nadel ans Hemd steckte, war dies nach sechzehn Jahren das erste Mal, dass sie ihren Bruder wieder berühren konnte.

Zunächst wollte Debbie nur eine Woche bleiben, aber als die Woche verstrich, beschloss sie zu bleiben. Ihr Mann kehrte nach Hause zurück, doch Debbie blieb. Der Frühling ging, der Sommer kam. Eric ging es besser und sie blieb weiterhin bei ihm. Debbie mietete sich eine Wohnung und fing an, ihre Kinder zu Hause zu unterrichten. Wann immer sie konnte, suchte sie den Kontakt zu ihrem Bruder.

Es war keineswegs einfach. Er erkannte sie nicht. Er wusste überhaupt nicht, wer sie war. Eines Tages beschimpfte er sie sogar. Er wollte nicht in ihrer Wohnung schlafen. Er wollte kein Essen von ihr annehmen. Er wollte nicht mit ihr reden. Er wollte sein unbebautes Grundstück zurück. Er wollte einfach nur in Frieden seiner „Arbeit" nachgehen. Wer war diese aufdringliche Frau überhaupt?

Doch Debbie gab Eric nicht auf. Es war ihr bewusst, dass

er einfach nicht verstand, was hier vor sich ging. Also betete sie.

Ich lernte Debbie eines Sonntags kennen, als sie zu Besuch in unsere Gemeinde kam. Nachdem sie mir ihre Geschichte erzählt hatte, stellte ich die Frage, die sich hier wohl jedem unweigerlich aufdrängt: „Wie schaffen Sie das, nicht aufzugeben?"

„Das fällt mir nicht schwer", erwiderte sie. „Schließlich ist er mein Bruder."

Ich erzählte ihr, dass mich diese Geschichte an eine andere Begebenheit erinnerte, wo jemand unermüdlich am Ball blieb. Ihr Beispiel erinnerte mich an jemanden, der ein ebenso liebevolles Herz hatte und sein Zuhause verließ, um nach Menschen zu suchen, die den Weg aus den Augen verloren hatten. In seinem Erbarmen konnte er dem Leiden seiner Brüder und Schwestern einfach nicht tatenlos zusehen. Und wie Debbie zog er los, um seine Angehörigen zu suchen.

Und als Jesus uns fand, reagierten wir so wie Eric. In unserer beschränkten Sicht erkannten wir den nicht, der gekommen war, um uns zu retten. Wir zweifelten sogar an seiner Existenz – und mitunter tun wir dies heute noch.

Wie aber geht er mit unseren Zweifeln um? Er geht uns nach. So wie Debbie Eric nachging, so geht Gott uns nach. Er bleibt uns auf den Fersen, bis wir endlich erkennen, dass er unser himmlischer Vater ist, auch wenn das *unser Leben lang* dauern mag.

„Nur Güte und Liebe verfolgen mich jeden Tag, und ich kehre für immer ins Haus Jahwes zurück" (Psalm 23,6; NeÜ).

Dies ist vielleicht eine der schönsten Aussagen, die jemals

geprägt wurden. Lassen Sie uns diesen Satz noch einmal in einigen andere Bibelübersetzungen nachlesen:

Deine Güte und Gnade begleiten mich alle Tage
meines Lebens,
und ich werde für immer im Hause des Herrn wohnen. (NL)

Nur Güte und Gnade werden mich umgeben
alle Tage meines Lebens,
und ich werde wohnen im Haus des Herrn
für alle Zeit. (NGÜ)

Gutes und Barmherzigkeit werden mir folgen
mein Leben lang,
und ich werde bleiben im Hause des Herr immerdar. (LÜ)

Wenn wir diesen Vers lesen, dann ist das, als öffneten wir ein Kistchen voller Juwelen. Jedes einzelne Wort glitzert und funkelt und wartet begierig darauf, sich im Licht unserer zweifelnden Herzen hinterfragen zu lassen: *Güte, Gnade, mein Leben lang, für immer im Haus des Herrn bleiben.* Sie fallen über unsere innere Ungewissheit her wie ein Spezialkommando der Polizei über einen Geiselgangster.

In einigen Übersetzungen beginnt der Vers mit dem Wörtchen *Nur*. David schrieb nicht: „*Unter anderem* verfolgen mich Güte und Gnade." Oder: „Güte und Gnade *sind auch bei den Dingen*, die mich verfolgen." David hätte sich gewiss auch unverbindlicher ausdrücken können, aber seine Wortwahl lässt nicht den geringsten Raum für Zweifel. Er glaubte an einen Gott, der sich festlegt, der klare Verheißungen gibt und uns eine tragfähige Grundlage schenkt. David hätte sicher den Worten eines seiner Nachfahren, des Apostels Jakobus, zugestimmt. Dieser beschrieb Gott mit den Worten: „Alles, was gut und vollkommen ist, wird uns von oben geschenkt, von Gott, der alle Lichter des Himmels erschuf. Anders als sie ändert er sich nicht, noch wechselt er zwischen Licht und Finsternis" (Jakobus 1,17).

Unsere Stimmung mag schwanken, aber Gott nicht. Unsere Meinung kann sich ändern, aber Gott nicht. Die Intensität unserer Hingabe mag wechseln, aber Gott bleibt, wie er ist. „Wenn wir untreu sind, bleibt er treu, denn er kann sich selbst nicht verleugnen" (2. Timotheus 2,13). Er ist ein Gott, auf den wir uns verlassen können. Und weil er das ist, können wir zuversichtlich sagen: „Nur Güte und Gnade werden mir folgen mein Leben lang."

Und was kommt nach dem Wort *nur*? Was wird uns hier versprochen? „Güte und Gnade". Wenn der Herr der Hirte ist, der die Herde anführt, dann sind Güte und Gnade die beiden Hirtenhunde, die die Herde bewachen. Güte *und* Gnade wohlgemerkt. Nicht Güte allein, denn wir sind fehlerhafte Menschen und auf seine Gnade angewiesen. Nicht Gnade allein, denn wir sind schwach und verletzlich und brauchen seine Güte. Wir benötigen beides. Jemand hat einmal geschrieben: „Güte, um all unseren Mangel auszufüllen. Gnade, die all unsere Sünden vergibt. Güte, die versorgt. Gnade, die vergibt."[1]

Güte und Gnade – der himmlische Geleitschutz für Gottes Herde. Wenn diese beiden Worten Ihren Glauben nicht stärken, dann nehmen Sie sich doch einmal folgenden Begriff vor: „alle Tage“.

Was für eine gewaltige Aussage! Halten Sie sich nur einmal vor Augen, wie umfassend diese Zusage ist! Güte und Gnade folgen dem Kind Gottes jeden einzelnen Tag seines Lebens! Was sehen Sie, wenn Sie in die Zukunft schauen? Chaotische Tage, die Sie, umgeben von schreienden Kleinkindern, in Ihrer Wohnung zubringen? Gott ist an Ihrer Seite. Eintönige Tage an einem perspektivlosen Arbeitsplatz? Er wird mit Ihnen auch da hindurchgehen. Tage, an denen Sie sich einsam fühlen? Er wird Ihre Hand halten. Nur Güte und Gnade werden Ihnen folgen – nicht an manchen Tagen, an den meisten Tagen, an fast allen Tagen, sondern Ihr ganzes Leben lang.

Und was wird er an diesen Tagen tun? Er wird Sie „verfolgen“.

Diese Beschreibung überrascht ein bisschen. Wir sind es eigentlich gewöhnt, uns Gott an einem festen Ort vorzustellen. Gott sitzt auf seinem himmlischen Thron und herrscht von dort aus. Aber als David diesen Psalm verfasst, sieht er einen dynamischen, aktiven Gott vor sich, der uns nachgeht. Wagen wir es, uns diese Vorstellung zu eigen zu machen? Wagen wir es, uns einen Gott vorzustellen, der uns verfolgt? Der uns nachgeht? Uns nachjagt? Der uns aufspürt und uns mit seiner „Güte und Gnade“ für sich gewinnt und an keinem Tag unseres Lebens von uns weicht?

Ist das nicht der Gott, der in der Bibel beschrieben wird? Ein Gott, der uns nachgeht? Viele Personen, von denen in der Bibel berichtet wird, würden genau das bestätigen. Bereits im 3. Kapitel des ersten Buches begegnet uns Gott in der

Rolle des Suchenden. Adam und Eva haben sich im Gebüsch versteckt – teilweise um ihre Blöße zu bedecken, teilweise um ihre Sünde zu verbergen. Wartet Gott nun, bis die beiden sich wieder einmal bei ihm blicken lassen? Keineswegs. Sein Rufen schallt durch den Garten: „Wo bist du?“ (1. Mose 3,9). Mit dieser Frage begann Gottes Suche nach der Menschheit, die sich bis zu diesem Moment fortsetzt, da Sie diese Zeilen lesen.

Mose kann ein Lied davon singen. Er war bereits seit vierzig Jahren in der Wüste unterwegs, als er einen brennenden Dornbusch bemerkte. Gott war ihm in die Wüste hinein gefolgt.

Jona kann ebenfalls davon berichten. Er war vor Gott geflüchtet und fand sich bald auf hoher See wieder. Da sah er, wie sich die Sturmwolken am Horizont zusammenbrauten. Gott war ihm aufs Meer hinaus gefolgt.

Die Jünger Jesu wussten ebenfalls, wie es war, wenn Gott ihnen nachging. Sie waren durchnässt bist auf die Knochen und völlig durchgefroren, als plötzlich mitten in der Nacht Jesus zu ihnen kam. Gott war ihnen in den Sturm hinein gefolgt.

Auch einer namenlosen Frau aus Samaria erging es so. Sie war aufgrund ihres Lebenswandels von anderen isoliert, als plötzlich der Messias vor ihr stand. Gott war ihr in ihren Schmerz hinein gefolgt.

Der Apostel Johannes war auf die Insel Patmos verbannt worden, als der Himmel sich über ihm öffnete. Gott war ihm ins Exil gefolgt.

Lazarus lag schon drei Tage tot in einem verschlossenen Grab, als er plötzlich eine Stimme vernahm. Er hob den Kopf und erblickte Jesus. Gott war ihm sogar bis in den Tod hinein gefolgt.

Petrus hatte seinen Herrn verleugnet und war in seinen alten Beruf als Fischer zurückgekehrt. Da rief plötzlich jemand seinen Namen. Jesus stand am Ufer und wartete mit einem Frühstück auf ihn. Gott war ihm trotz seines Versagens gefolgt.

Gott ist ein Gott, der uns nachgeht. Haben Sie das nicht auch schon mal gemerkt? Allzu oft entgeht uns das. Genauso wie Eric erkennen auch wir oft unseren Retter nicht, wenn er vor uns steht. Dennoch lässt er nicht von uns ab.

Sei es durch die unvermittelte Freundlichkeit eines Fremden. Sei es in der Pracht eines Sonnenuntergangs. Sei es im Zauber der Liebe. Sei es im Fragen eines Kindes oder in der Hingabe Ihres Partners. Sei es durch ein passendes Wort oder eine liebevolle Berührung zur rechten Zeit: Haben Sie seine Gegenwart schon mal gespürt?

Wenn ja, dann lassen Sie doch Ihre Zweifel getrost fallen. Lassen Sie sich nicht länger von ihnen belasten. Sie sind der Ungewissheit nicht länger ausgeliefert. Sie können der Unsicherheit den Rücken kehren und Gott vertrauen. Er hat Ihnen seine Liebe geschenkt – warum überlassen Sie ihm nicht einfach Ihre Zweifel?

„Es ist aber gar nicht so leicht, ihm zu vertrauen", mögen Sie nun vielleicht sagen. Mag sein, aber es ist auch nicht so schwierig, wie Sie meinen. Vielleicht helfen Ihnen diese praktischen Vorschläge ja weiter:

Vertrauen Sie Ihrem Glauben und nicht Ihren Gefühlen. Ihr Leben ist kein konstanter geistlicher Höhenflug? Natürlich nicht. Aber Ihre Gefühle haben keinen Einfluss darauf, wie nah Gott Ihnen ist. Wenn Sie also das Gefühl haben, dass Gott ganz weit weg ist, dann setzen Sie auf Ihren Glauben, nicht auf Ihre Gefühle. Nur Güte und Liebe werden Sie jeden Tag verfolgen.

Betrachten Sie sich mit Gottes Augen, nicht mit Ihren eigenen. Für alle anderen war Eric Hill nur ein Obdachloser, aber für Debbie war er ihr Bruder. Es gibt Zeiten in unserem Leben, da sind auch wir wie nutzloses Treibgut, sind haltlos, desorientiert, abweisend, wenig liebenswert. In solchen Zeiten müssen wir uns eines vor Augen halten: Gott liebt uns. Er geht uns nach. Warum er das tut? Weil wir zu seiner Familie gehören. Und deshalb wird er uns unser Leben lang nachgehen.

Behalten Sie den Gesamtkontext im Blick, nicht nur einen kleinen Ausschnitt. Eric hatte keine Bleibe mehr, seine Gesundheit war ruiniert. Doch gerade durch diese Tragödie kam er wieder in Kontakt mit seiner Familie. Er erhielt eine zweite Chance. Es ist nie zu spät, noch mal von vorn anzufangen. Vielleicht sind auch Ihr Zuhause und Ihre Gesundheit bedroht. Dies bedeutet zwar unmittelbar Schmerz und Leid, langfristig lernen Sie dadurch jedoch Ihrem himmlischen Vater kennen, jenen Vater, der Ihnen ein Leben lang nachgehen wird.

Das letzte Kapitel in Eric Hills Leben ist übrigens das beste. Wenige Tage vor seinem Tod erkannte er schließlich doch in Debbie seine Schwester. Und dadurch fand er auch wieder zu seinem eigentlichen Zuhause zurück.[2]

Dasselbe gilt auch für uns. Genau wie Eric zweifeln auch wir an dem, der gekommen ist, um uns zu helfen. Doch genau wie Debbie bleibt auch Gott uns auf den Fersen. Wie

Eric sind auch wir nur allzu geneigt, ihm die kalte Schulter zu zeigen. Doch wie Debbie ist auch Gott geduldig und fest entschlossen, bei uns zu bleiben. So wie Eric weisen wir Gottes Geschenke zurück. Doch Gott gibt sie uns dennoch, so wie Debbie. Er gibt uns seine Engel, nicht nur in Form einer Anstecknadel, sondern als ganz reale Begleiter auf unserem Weg.

Vor allem aber gibt Gott uns sich selbst. Auch wenn wir sein Haus verschmähen, um stattdessen in unserem miesen Verschlag zu bleiben, und wenn wir seine Gnade ausschlagen, um an unserem Unrat festzuhalten, so geht er uns dennoch nach. Er zwingt uns nicht, aber er verlässt uns auch nie. Er ist unbeirrbar und geduldig, allgegenwärtig und treu. Er tut alles, um uns davon zu überzeugen, dass er derjenige ist, der er zu sein beansprucht. Und dass wir darauf vertrauen können, dass er uns einen Neuanfang schenkt und uns am Ende nach Hause bringt.

Vertrauen Sie ihm, wenn Sie einen Neuanfang machen. Folgen Sie dem Gott, der Ihnen Ihr Leben lang nachgeht.

Teil II

Gott schenkt Ihnen gute Gaben

Ich habe ein paar Leute zum Thema „Müdigkeit" befragt. Augenscheinlich können wir alle den folgenden Satz irgendwie vervollständigen: *Ich war so kaputt, dass ich ...*

... *versucht habe, mich am Wasser festzuhalten, als ich in der Dusche ausgerutscht bin.*
... *mich beim Fahrstuhl bedankt habe, als ich ausgestiegen bin.*
... *auf mein Eis gepustet habe, damit es auskühlt.*
... *meine Handy-PIN in die Mikrowelle eingetippt habe, als ich die Zeit einstellen wollte, um mein Essen aufzuwärmen.*
... *dachte, meine Hand sei der Wecker, und zehn Minuten im Bett geblieben bin und versucht habe, ihn auszuschalten.*
... *ich meiner Freundin eine SMS geschrieben habe, in der stand: „Ich kann jetzt nicht reden, ich finde mein Handy nicht."*
... *die Wäsche in den Mülleimer und die leere Chipstüte in den Wäschekorb geworfen habe.*
... *mehrere Minuten vor einem Stoppschild stehen geblieben bin und darauf gewartet habe, dass es grün wird.*

Stöhn. Wenn die Konsequenzen der Übermüdung sich doch nur auf solche Dummheiten beschränken würden, über die wir später einmal lachen können.

Wir sind alle müde. Wir lassen die Schultern hängen und können die Augen nicht länger offen halten, so müde sind wir vom Leben. Wir arbeiten lange, stellen uns an langen

Schlangen an und sehnen uns nach einem langen Wochenende, an dem wir der langen Liste an Dingen, die wir erledigen, Menschen, die wir beeindrucken, und Geräten, die wir kaufen, studieren und programmieren müssen, endlich entfliehen können.

Wir sind müde. Müde von Beziehungen, die nicht funktionieren, oder von einem Job, mit dem wir unzufrieden sind, oder von einem Körper, der einfach nicht gesund werden will. Wir sind müde von zu vielen Besuchen auf dem Friedhof, beim Therapeuten oder in der Kneipe zur Happy Hour, die gar nicht happy ist. Unsere Schultern hängen. Unsere Augen fallen zu. Wir sind müde. Wir sind eine müde Nation, eine müde Generation.

Wir könnten das auf unsere übertriebene Arbeitsmoral schieben. Je mehr wir uns anstrengen, umso größer ist schließlich die Belohnung.

Wir könnten unsere Müdigkeit auf die digitale Revolution schieben. Wir sind nie offline! Textnachrichten, E-Mails und Updates sind immer in Reichweite. Die Arbeit nach Feierabend im Büro lassen? Das geht heutzutage nicht mehr. Jeden Tag hagelt es unablässig Nachrichten. Auszeit wird zu Arbeitszeit und verdrängt die wenige freie Zeit, die wir vielleicht noch hatten.

Wir könnten die Erschöpfung auch darauf schieben, dass wir im Stillen oder nicht so Stillen stolz darauf sind, nie die Beine hochzulegen und faul auf dem Sofa zu liegen. Wir sind stolz auf unsere langen Arbeitszeiten und nächtlichen Heimflüge. Erschöpfung ist zu einer Art Auszeichnung geworden. Wenn wir nicht überfordert und überarbeitet sind, wagen wir gar nicht, das zuzugeben.

Und die Konsequenz? Wir sind eine erschöpfte Gesellschaft. Werden in tausend unterschiedliche Richtungen gedrängt und gezerrt.

Gehören Sie auch dazu? Das müssen Sie nicht. Jesus hat eine Einladung für Sie ausgesprochen: „Kommt alle her zu mir, die ihr müde seid und schwere Lasten tragt, ich will euch Ruhe schenken" (Matthäus 11,28). Ruhe. Ist das nicht genau das, was wir brauchen? Ruhe für die Seele. Gott hat reichlich davon zu bieten.

Man erzählt sich, dass Anfang des 20. Jahrhunderts in Osteuropa ein armer Mann lebte. Weil er für sich und seine Familie ein besseres Leben wollte, kratzte er genug Geld zusammen, um mit dem Schiff dritter Klasse nach New York zu fahren. Er hatte vor, sich Arbeit zu suchen und seine Familie nachzuholen.

Da er beinahe sein gesamtes Geld für die Fahrkarte ausgegeben hatte, lebte er während der zwölftägigen Überfahrt nur von einem Stück hartem Käse und einer Schachtel Kräcker. Sehnsüchtig sah er durch das Fenster in den Speisesaal, wo die anderen Passagiere warme, herzhafte, köstliche Mahlzeiten zu sich nahmen. Dann zog er sich in seine winzige Kajüte zurück, um seine Ration Käse zu essen.

Am letzten Tag der Überfahrt, als die Reisenden die Freiheitsstatue schon sehen konnten, stand der Mann neben einem Schiffssteward an der Reling.

„Ich will ja nicht neugierig sein", sprach ihn der Steward an, „aber warum haben wir Sie nie bei den Mahlzeiten gesehen?"

Der Reisende erklärte ihm, dass er kein Geld mehr hatte und von Kräckern und Käse gelebt hatte. Schockiert erwiderte der Steward: „Wussten Sie denn nicht, dass drei Mahlzeiten pro Tag im Ticketpreis inbegriffen waren? Wir hatten jeden Tag für Sie gedeckt, aber Sie sind nie gekommen."

Auch Gott hat an seinem Tisch einen Platz für Sie gedeckt. Und er will Ihnen mehr geben als nur Käse und Kräcker. Bedienen Sie sich an der geistlichen Kraft, die er Ihnen schenken will, und genießen Sie seinen Segen. Gott weiß, dass wir diese Unterstützung brauchen. Und er will sie Ihnen geben.

Kapitel 6

Nehmen Sie das göttliche Geschenk an

Bisher kannte ich dich nur vom Hörensagen,
doch jetzt habe ich dich
mit eigenen Augen gesehen.
Hiob 42,5

Alles passiert innerhalb eines einzigen Tages. Während er gestern noch jederzeit eine Runde auf dem schönsten Golfplatz des Landes spielen konnte, darf er heute nicht einmal mehr als Caddie dort arbeiten. Während er gestern noch mit seinem Privatjet nach Las Vegas fliegen konnte, um sich einen Boxkampf anzuschauen, kann er sich heute nicht einmal mehr den Bus leisten, um ans andere Ende der Stadt zu fahren.

In einem bislang gemächlich verlaufenden Leben bricht das Chaos aus ...

Als Erstes verliert er sein Imperium. Die Börse bricht zusammen und seine Aktien stürzen ab. Gerade war er noch flüssig, jetzt sitzt er finanziell auf dem Trockenen. Unternehmen, die gerade noch hoch im Kurs standen, rasen jetzt in den Keller. Die Aktienkurse brechen ein und Hiobs Lebenshaus gleich mit. Er sitzt gerade in einem Lederstuhl an seinem Mahagonischreibtisch, der in Kürze versteigert wird, als das Telefon klingelt und er von der zweiten Tragödie erfährt: Seine Kinder waren gerade in einem Urlaubsresort, als ein Sturm über die Gegend hereinbrach und sie mitriss.

Sprachlos und wie versteinert sieht Hiob zum Fenster hinaus in den Himmel, der mit jeder Minute dunkler zu werden scheint. Er fängt an zu beten und sagt Gott, dass es nicht schlimmer hätte kommen können ... doch genau das passiert. Er spürt einen Schmerz in der Brust, der nicht auf die Ravioli vom Vorabend zurückzuführen sein kann. Und schon liegt er in einem Krankenwagen, hat irgendwelche Kabel auf der Brust und Nadeln in den Armen.

Am Ende liegt er, an einen Monitor angeschlossen, in einem Krankenzimmer, und nur die piependen Geräte leisten ihm noch Gesellschaft.

Es ist ja nicht so, als hätte Hiob niemanden, mit dem er reden könnte.

Zunächst einmal ist da seine Frau. Wer könnte es ihr vorwerfen, dass sie nach all den Tragödien in dieser Woche aufgebracht ist? Wer könnte es ihr verübeln, dass sie Hiob sagt, er solle Gott verfluchen? Aber Gott verfluchen und dann auch noch *sterben?* Wenn Hiob sich nicht schon vorher verlassen gefühlt hat, dann spätestens in dem Moment, als sie ihm sagt, er solle den Stecker ziehen, dann sei alles vorbei.

Und dann sind da noch seine Freunde. In ihren Stimmen schwingt ein ausgeprägter Kommandoton mit und sie haben das Mitgefühl eines Serienkillers. Man könnte ihre Theologie folgendermaßen in Worte fassen: „Mann, du musst ja etwas ganz Schlimmes angestellt haben! Wir wissen, dass Gott gut ist. Wenn dir also schlimme Dinge widerfahren, dann musst du etwas ganz Schreckliches getan haben. Ende der Debatte."

Nimmt Hiob das einfach so hin? Natürlich nicht.

„... als Ärzte seid ihr billige Quacksalber. Ihr solltet besser schweigen, das könnte man euch noch als Weisheit anrechnen!"[1]

Mit anderen Worten: „Ihr könnt euch eure Überzeugungen an den Hut stecken."

„Ich bin kein schlechter Mensch", argumentiert Hiob. „Ich habe meine Steuern bezahlt. Ich komme meinen Bürgerpflichten nach. Ich unterstütze gemeinnützige Werke und arbeite ehrenamtlich beim Wohltätigkeitsbasar für das Krankenhaus mit."

Hiob ist in seinen eigenen Augen ein guter Mann. Und ein guter Mann hat eine gute Antwort verdient, denkt er.

„Dein Leid ist zu deinem eigenen Besten", sagt Elihu, ein junger Pastor, frisch von der Bibelschule, der noch nicht alt genug ist, um zynisch zu sein, und noch nicht genug erlebt und erlitten hat, um zu wissen, wann er lieber seinen Mund halten sollte. Er hat sich seine Bibel unter den Arm geklemmt, geht im Krankenzimmer auf und ab und fuchtelt dabei mit dem Finger.

„Ja, Gott tut dies alles zwei, drei Mal für einen Menschen, um sein Leben vor dem Grab zu bewahren und ihm das Licht des Lebens zu schenken."[2]

Hiobs Blick folgt ihm, und sein Kopf dreht sich von links nach rechts, als würde er einem Tennisspiel zusehen. Was der junge Mann sagt, ist in theologischer Hinsicht nicht falsch, aber es ist auch nicht sehr tröstlich. Hiob schenkt ihm schließlich immer weniger Beachtung und rutscht tiefer unter seine Decke. Sein Kopf tut weh. Seine Augen brennen. Seine Beine schmerzen. Und er erträgt keine leeren Worte mehr.

Aber seine Frage ist immer noch nicht beantwortet: „Gott, warum passiert mir das alles?"

Also beginnt Gott zu sprechen.

Er spricht aus dem Donner. Er spricht aus den Wolken. Er spricht zu allen von uns, denen Hiobs Frage nur allzu bekannt vorkommt:

- zu dem Mann, der gerade seine Kündigung erhalten hat und nicht weiß, wie er das neu gebaute Haus abbezahlen soll,
- zu der Ehefrau, die mit einer Blume in der Hand am Sarg ihres Mannes steht,
- zu dem kinderlosen Paar, das Gott um ein Kind anfleht,
- zu allen, die versuchen, Gott in den Scherben ihres Lebens zu erkennen.
- zu allen, die gewagt haben zu sagen: „Wenn Gott wirklich Gott ist, dann ..."

Er spricht aus dem Sturm und in den Sturm hinein, denn genau dort ist Hiob. Dort kann man Gott am besten hören.

Gottes Stimme dröhnt durchs Zimmer. Elihu plumpst auf einen Stuhl. Hiob setzt sich hastig auf. Und keiner von beiden wird danach noch der Gleiche sein.

„Wer ist es, der Gottes weisen Plan mit Worten ohne Verstand verdunkelt?"[3]

Hiob antwortet nicht.

„Tritt vor mich hin wie ein Mann! Ich will dir Fragen stellen und du sollst mich belehren."[4]

„Wo warst du, als ich die Grundfesten der Erde legte? Sag es mir, sofern du Bescheid weißt!"[5]

Es hätte Hiob gereicht, wenn er nur eine dieser Fragen zu hören bekommen hätte. Aber Gott ist noch nicht fertig.

„Weißt du, wer ihre Maße festlegte oder wer das Maßband über ihr ausspannte?", fragt er. „Worauf sind ihre Stützpfeiler eingesenkt und wer hat ihren Eckstein gelegt, als die Morgensterne miteinander sangen und alle Engel vor Freude jubelten?"[6]

Die Fragen sprudeln nur so aus Gott heraus. Sie prasseln wie Regen aus den Wolken herab. Sie plätschern wild und schön und Furcht einflößend in Hiobs Herz. Jeder „Hiob", der jemals gelebt hat, hätte klatschnass und sprachlos dagestanden, als er mit anhörte, wie der Schöpfer ihm neu bewusst macht, wer in diesem Universum das Sagen hat.

„Hast du jemals in deinem Leben den Morgen herbeigerufen oder der Morgenröte befohlen, sich im Osten zu zeigen, damit ihr Glanz die Enden der Erde erfasst und die Gottlosen verscheucht?"[7]

Gott will Hiob mit diesen Fragen nicht belehren; sie sollen ihn sprachlos machen. Sie sollen nicht aufklären, sondern aufwecken. Sie sollen nicht den Verstand seines Gegenübers anregen; sie sollen seine Knie beugen.

„Haben sich die Tore des Totenreichs vor dir geöffnet und hast du das Tor des Todesschattens gesehen?

Hast du den Überblick über die ganze Weite der Erde? Sag es mir, wenn du dich mit all diesen Dingen auskennst!

Wo ist der Weg zur Wohnung des Lichts und an welchem Ort hält sich die Dunkelheit auf?

Kannst du sie dorthin bringen, wo sie gebraucht werden, und sie dann wieder nach Hause begleiten? Natürlich, du weißt es! Denn damals warst du ja schon geboren und deine Lebenstage sind nicht zu zählen!"[8]

Schließlich hebt Hiob zitternd die Hand, und Gott hält lange genug inne, damit er antworten kann: „Ich bin ein Nichts – wie könnte ich dir etwas erwidern? Ich lege mir die Hand auf den Mund. Ich habe einmal geredet und werde nicht wieder damit anfangen, ein zweites Mal, und ich will es nicht mehr tun."[9]

Gottes Botschaft ist angekommen:

- Hiob ist ein Bauer, der dem König sagt, wie er sein Land regieren soll.
- Hiob ist ein Analphabet, der Konrad Duden über Rechtschreibung und Zeichensetzung belehrt.
- Hiob ist ein Caddie, der Tiger Woods erklärt, dass er seine Stellung beim Abschlag ändern muss.
- Hiob ist der Ton, der dem Töpfer sagt, er solle nicht so sehr drücken.

„Wer hat mir je einen Dienst erwiesen, dass ich ihm eine Gegenleistung schulden würde?", verkündet Gott im immer heftiger brausenden Wind. „Was immer unter dem Himmel ist – es gehört alles mir!"[10]

Hiob weiß darauf nichts zu erwidern. Gott schuldet niemandem etwas. Keine Erklärungen. Keine Entschuldigungen. Keine Hilfe. Gott hat keine Schulden, kein überzogenes Konto, keine Gefallen, die er erwidern muss. Gott schuldet keinem Menschen etwas.

Umso erstaunlicher ist die Tatsache, dass er uns alles gegeben hat.

Es ist entscheidend, wie Sie diese göttlichen Ausführungen auslegen. Wenn Sie wollen, können Sie Gottes eindringliche Rede als Schimpftirade verstehen. Sie können diese Liste nicht zu beantwortender Fragen als Beweise dafür sehen, dass Gott knallhart, grausam und distanziert ist. Sie können das Buch Hiob als Beweis dafür sehen, dass Gott uns Fragen stellt, aber keine Antworten gibt. Aber dazu muss man schon einiges streichen – den gesamten Rest des Buches.

Denn Hiob verstand Gottes Worte nicht so. Hiob war sein ganzes Leben lang ein guter Mensch gewesen. Sein ganzes Leben lang hatte er über Gott debattiert, hatte eine Ahnung davon gehabt, wie Gott ist, und hatte zu ihm gebetet.

Aber als der Sturm in seinem Leben wütet, sieht Hiob ihn!

Er sieht Hoffnung. Er sieht den Liebenden. Den Zerstörer. Den Geber. Den Nehmer. Den Träumer. Den Befreier.

Hiob sieht die sanfte Wut eines Gottes, dessen unendliche Liebe oft mit einem eigenartigen Misstrauen angenommen wird. Hiob steht vor der verzehrenden Herrlichkeit Gottes wie ein Grashalm im Feuer. Als Gott den Vorhang zurückzieht, sodass das Licht des Himmels ungehindert auf die Erde strahlt, schmelzen Hiobs Fragen dahin wie Wachs in der Hitze eines Feuers.

Hiob sieht Gott.

An dieser Stelle hätte Gott sich abwenden können. Der Hammer fällt; das Urteil steht fest. Der ewige Richter hat gesprochen.

Aber Gott ist nicht wütend auf Hiob. Streng? Ja. Direkt? Zweifellos. Klar und überzeugend? Absolut. Aber wütend? Nein.

Gott ist nie verärgert, wenn jemand, der aufrichtig nach ihm sucht, Antworten auf seine Fragen erbittet.

Wenn Sie irgendetwas im Buch Hiob unterstreichen wollen, dann unterstreichen Sie diese Worte: „Bisher kannte ich dich nur vom Hörensagen, doch jetzt habe ich dich mit eigenen Augen gesehen.“[11]

Hiob sieht Gott – und das ist genug.

Nicht aber für Gott. Er gibt Hiob die Chance, noch einmal von vorn anzufangen.

In den darauffolgenden Jahren sitzt Hiob wieder gesund und munter hinter seinem Mahagonischreibtisch und macht gute Gewinne. Auf seinem Schoß sitzen wieder viele Kinder und Enkel und Urenkel – vier Generationen lang! Das ist in der Tat ein Neuanfang.

Falls Hiob sich je fragt, warum Gott ihm nicht die Kinder zurückbringt, die er ihm genommen hat, sagt er es jedenfalls nicht laut. Vielleicht fragt er nicht, weil er weiß, dass seine Kinder nicht glücklicher sein könnten als in der Gegenwart des Einen, den er für einen kurzen Augenblick gesehen hat.

Irgendetwas sagt mir, dass Hiob das Erlebte noch einmal durchmachen würde, wenn er dadurch Gottes Stimme ein weiteres Mal hören und in seiner Gegenwart stehen könnte. Auch wenn das bedeuten würde, dass er wieder krank werden und mit unbezahlten Rechnungen dastehen würde, würde Hiob es wieder tun.

Denn Gott hat Hiob mehr geschenkt, als er je zu träumen gewagt hätte. Gott gab Hiob sich selbst.

Kapitel 7

Verlassen Sie sich auf den Heiligen Geist

Durch Christus habt auch ihr
nun die Wahrheit gehört,
die gute Botschaft, dass Gott euch rettet.
Ihr habt an Christus geglaubt,
und er hat euch mit dem Siegel
seines Heiligen Geistes,
den er vor langer Zeit zugesagt hat,
als sein Eigentum bestätigt.

Epheser 1,13

Ich verstehe einfach nicht, warum irgendjemand Hannah Lake ärgern sollte. Wenn das hübsche Gesicht dieser Zehnjährigen einem nicht das Herz erweicht, dann doch bestimmt ihre liebliche Engelsstimme. Aber ihrem Vater zufolge machte ihr ein Junge in der Grundschule das Leben schwer. Er versuchte, sie einzuschüchtern und unter Druck zu setzen. Aber Hannah gab nicht klein bei. Und letzten Endes waren es nicht ihre Grübchen oder ihre liebliche Stimme, die ihr dabei halfen, das Problem zu überwinden, sondern ihr Glaube.

Der ältere Schüler warnte Hannah – er werde es ihr zeigen. „Eines Tages kriege ich dich." Hannah zuckte nicht und weinte nicht. Sie erklärte dem Übeltäter einfach die Fakten: „Tu, was du nicht lassen kannst", sagte sie, „aber weißt du: Gott ist auf meiner Seite."

Es heißt, dass die Drohungen danach aufhörten.

Sie werden vielleicht nicht mit Schulrowdys konfrontiert, aber unter Umständen mit einem frischen Grab auf dem Friedhof, einem neuen Job oder Schönwetterfreunden. Alle möglichen Herausforderungen pflastern Ihren Lebensweg. Woher bekommen Sie die Kraft, sich ihnen zu stellen? Gott hat uns nie versprochen, dass uns auf dem Weg des Neuanfangs keine Probleme und kein Leid erwarten. Aber er verspricht uns die tröstende Gegenwart seines Heiligen Geistes.

Auf den ersten Blick könnte man meinen, beim Heiligen Geist gehe es nur um übernatürliche und überwältigende

Dinge. Wir alle kennen die Bilder von schweißgebadeten Fernsehpredigern, Zuhörern, die reihenweise umfallen, unverständliches Reden in fremden Sprachen und fragwürdige Wunder. Es würde zwar niemand leugnen, dass das Wirken des Heiligen Geistes uns in Staunen versetzen kann (wie zum Beispiel die Feuerzungen über den Köpfen der Apostel), aber wenn wir einen zu starken Fokus auf das Übernatürliche legen, kann das dazu führen, dass uns sein stilles, kraftspendendes Wirken entgeht.

Der Heilige Geist hilft uns auf unsichtbare, aber unverzichtbare Weise. Er ist das Ruder, das das Schiff unserer Seele auf Kurs hält. Sie sind nicht allein unterwegs. Wenn Sie das nächste Mal das Gefühl haben, dass es doch so ist, dann schlagen Sie in der Bibel einmal die Gaben nach, die der Heilige Geist uns schenkt. Zum Beispiel: „... Ihr habt an Christus geglaubt, und er hat euch mit dem Siegel seines Heiligen Geistes, den er vor langer Zeit zugesagt hat, als sein Eigentum bestätigt. Der Heilige Geist ist die Garantie dafür, dass er uns alles geben wird, was er uns versprochen hat, und dass wir sein Eigentum sind ..." (Epheser 1,13–14).

Der Heilige Geist drückt Ihnen also gewissermaßen ein Siegel auf. Das Wort *Siegel* taucht in verschiedenen Kontexten auf: Man versiegelt einen Briefumschlag, um einen Brief zu schützen. Man versiegelt ein Glas mit einem Gummiring, um es luftdicht zu verschließen. Um zu verhindern, dass der Wein oxidiert, versiegelt man die Flasche mit einem Korken und Wachs. Vielleicht unterschreibt man auch einen Vertrag oder lässt eine Unterschrift notariell beglaubigen, um eine Abmachung zu besiegeln. Ein Siegel klärt die Eigentumsrechte und schützt den Inhalt.

Die bekannteste „Versiegelung“, von der im Neuen Testament berichtet wird, ereignete sich, als es um das Grab von Jesus ging. Römische Soldaten rollten einen großen Stein vor den Eingang und „versiegelten ... das Grab und stellten Wachen auf, die es schützen sollten“ (Matthäus 27,66). Archäologen gehen davon aus, dass es sich dabei um zwei Bänder handelte, die vor den Eingang gespannt und mit Wachs befestigt wurden. Sie trugen das Siegel der römischen Regierung: SPQR (*Senatus Populusque Romanus*) – womit man signalisierte: „Finger weg vom Inhalt dieses Grabes! Es gehört Rom.“ Natürlich erwies sich dieses Siegel als nutzlos.

Das Siegel des Heiligen Geistes ist mächtiger. Als Sie Jesus Ihr Leben anvertraut haben, hat Gott Sie mit dem Heiligen Geist versiegelt. „Ihr habt an Christus geglaubt, und er hat euch mit dem Siegel seines Heiligen Geistes ... als sein Eigentum bestätigt“ (Epheser 1,13). Wenn Eindringlinge aus der Hölle versuchen sollten, Sie Gott zu entreißen, macht ihnen das Siegel das unmöglich. Er hat Sie durch das, was Jesus am Kreuz getan hat, ihrer Hand entrissen, Sie gehören zu ihm, und er beschützt Sie. Gott hat einen zu hohen Preis gezahlt, als dass er Sie unbewacht lassen würde. Paulus schreibt später: „Denkt vielmehr daran, dass ihr sein Siegel tragt und dadurch die Gewissheit habt, dass der Tag der Erlösung kommen wird“ (Epheser 4,30).

In seinem wunderbaren Buch *The Dance of Hope* erzählt mein Freund Bill Frey von einem blinden Studenten namens John, dessen Studienberater er 1951 an der Universität von Colorado war. Eines Tages erkundigte sich Bill, wodurch John sein Augenlicht verloren habe. Der Student erzählte ihm von einem Unfall, den er als Teenager gehabt hatte. Das

Unglück hatte ihm nicht nur das Augenlicht, sondern auch die Hoffnung genommen. Er erzählte Bill: „Ich war verbittert und wütend auf Gott, weil er das zugelassen hatte, und ich ließ meine Wut an allen um mich herum aus. Ich dachte, wenn ich schon keine Zukunft mehr hatte, würde ich auch keinen Finger mehr krumm machen. Sollten die anderen mich doch bedienen. Ich schloss mich in meinem Zimmer ein und weigerte mich herauszukommen. Nur zu den Mahlzeiten ließ ich mich mal blicken."

Sein Geständnis überraschte Bill. Der Student, den er als Professor begleitete, war weder verbittert noch wütend. Er erkundigte sich, wie es zu dieser Veränderung gekommen war. John schrieb sie seinem Vater zu. Dieser hatte es irgendwann satt, dass sein Sohn in Selbstmitleid badete. Er wollte, dass dieser endlich wieder am Leben teilnahm. Also erinnerte er den Jungen daran, dass der Winter bevorstand, und wies ihn an, die Sturmfenster vor seinen Fenstern zu befestigen. „Und wenn das nicht erledigt ist, bis ich wieder zu Hause bin, gibt es Ärger." Mit diesen Worten knallte er die Tür hinter sich zu und ging.

John war wütend. Grummelnd und fluchend tastete er sich in die Garage vor, fand die Sturmfenster, die Trittleiter und das Werkzeug und machte sich an die Arbeit. „Wenn ich dabei von der Leiter falle und mir das Genick breche, wird ihm das noch leidtun." Aber er fiel nicht herunter. Zentimeter für Zentimeter arbeitete er sich voran und beendete schließlich seine Aufgabe.

Indem er seinem Sohn diesen Auftrag erteilte, erreichte sein Vater das gewünschte Ziel: John erkannte widerstrebend, dass er doch nicht nutzlos war, und nahm sein Leben wieder selbst in die Hand. Jahre später erfuhr er noch etwas anderes. Als er Bill davon erzählte, bekam er feuchte Augen. „Später fand ich heraus, dass mein Vater an jenem Tag nie mehr als ein oder zwei Meter von mir entfernt war.“[1]

Der Vater hatte nie die Absicht gehabt, seinen Jungen dem Risiko auszusetzen, von der Leiter zu fallen.

Und auch Ihr Vater wird nicht zulassen, dass Sie stürzen. „Und in seiner großen Macht wird er euch durch den Glauben beschützen“ (1. Petrus 1,5). Er ist der, „der euch bewahren kann, damit ihr nicht fallt, und der euch bereit macht, damit ihr makellos und voller Freude seid für seine große Herrlichkeit“ (Judas 24).

Nehmen Sie diese Wahrheit tief in sich auf: Gott kann Sie davor bewahren zu fallen! Will er, dass Sie in Angst leben? Nein! Ganz im Gegenteil. „Deshalb verhaltet euch nicht wie ängstliche Sklaven. Wir sind doch Kinder Gottes geworden und dürfen ihn ‚Abba, Vater‘ rufen. Denn der Geist Gottes selbst bestätigt uns tief im Herzen, dass wir Gottes Kinder sind“ (Römer 8,15–16).

Was für eine faszinierende Aussage. Tief in Ihrem Inneren bestätigt Gottes Heiliger Geist Ihnen, dass Sie zu ihm gehören. Tief in Ihrem Herzen flüstert er Ihnen zu: „Du gehörst zu mir. Ich habe dich befreit und versiegelt und niemand kann dich mir wegnehmen.“ Diese tröstliche Zusage macht Gottes Heiliger Geist uns innerlich immer wieder.

Er ist wie ein Vater, der die Hand seines Kindes ergreift. Das Kind weiß, dass es zu seinem Papa gehört, und legt seine kleine Hand in die große Hand des Vaters. Es zweifelt nicht daran, dass sein Vater es liebt. Dann wirbelt der Vater das Kind unerwartet in die Luft, nimmt es in die Arme und sagt:

„Ich liebe dich, mein Schatz." Er drückt ihm einen Kuss auf die Pausbäckchen und stellt es wieder auf den Boden.

Hat sich die Beziehung der beiden verändert? Einerseits nein. Der Vater ist nicht mehr oder weniger Vater als vor diesem Liebesbeweis. Aber in einem tieferen Sinn schon. Der Vater hat das Kind mit Liebe überschüttet und es noch einmal seiner Zuneigung versichert. Genau das macht Gottes Heiliger Geist mit uns: „Denn wir wissen, wie sehr Gott uns liebt, weil er uns den Heiligen Geist geschenkt hat, der unsere Herzen mit seiner Liebe erfüllt" (Römer 5,5). Beachten Sie das Pronomen: *seiner*. Er erfüllt unsere Herzen mit *seiner* Liebe, nicht mit *unserer* Liebe zu Gott. Gott gibt dem Heiligen Geist einen Kübel voll Liebe und gibt ihm die Anweisung: „Überschütte ihre Herzen damit."

Es gibt Augenblicke, da beschenkt uns der Heilige Geist mit einer wunderbaren Botschaft: *Du gehörst zum Vater. Er hat seinen Sohn für dich gegeben.* Ist es schon eine Weile her, dass Sie diese Botschaft vernommen haben? Dann sagen Sie es ihm. Er hört Ihnen zu. Und er setzt sich für Sie ein:

Der Heilige Geist hilft uns in unserer Schwäche. Denn wir wissen ja nicht einmal, worum oder wie wir beten sollen. Doch der Heilige Geist betet für uns mit einem Seufzen, das sich nicht in Worte fassen lässt. Und der Vater, der alle Herzen kennt, weiß, was der Geist sagt, denn der Geist bittet für die, die zu Gott gehören, wie es dem Willen Gottes entspricht.

Römer 8,26–27

Der Heilige Geist hilft uns in unserer Schwäche. Dieser Satz ist es wert, unterstrichen zu werden. Können wir diese Gedächtnisstütze nicht alle einmal gebrauchen? Unser Körper lässt uns hin und wieder im Stich. Unser Wille hat manchmal seinen eigenen, nun ja, Willen. Mit unserer Entschlossenheit ist es gelegentlich auch nicht weit her. Wir kennen das alle. Das Wort *Schwäche* kann sich in diesem Kontext sowohl auf körperliche Gebrechen beziehen (wie bei dem Gelähmten, der seit 38 Jahren nicht laufen konnte; Johannes 5,5) als auch auf geistliche Ohnmacht (Paulus weist in Römer 5,6 auf die Zeit hin, als wir der Sünde noch hilflos ausgeliefert waren).

Ganz gleich, ob wir in seelischer oder körperlicher Hinsicht schwach sind oder beides: Es ist so gut zu wissen, dass alles Weitere nicht von uns abhängt: Der Heilige Geist betet für uns.

Stellen Sie sich das einmal vor: Sie bedeuten Gott so viel, dass Ihre Bedürfnisse ganz oben auf der Liste des Heiligen Geistes stehen. Wussten Sie überhaupt, dass im Himmel über Ihre Bedürfnisse gesprochen wird? Der Heilige Geist „betet für uns mit einem Seufzen, das sich nicht in Worte fassen lässt. Und der Vater, der alle Herzen kennt, weiß, was der Geist sagt, denn der Geist bittet für die, die zu Gott gehören, wie es dem Willen Gottes entspricht" (Römer 8,26–27).

Während ich diese Worte schreibe, muss ich an die Pandemie denken, die unseren Planeten überschattet, und an die Menschen, deren Leben durch dieses Virus aus den Fugen geraten ist. Der mit Covid-19 infizierte Mensch ist isoliert. Er kann nichts tun. Aber er hat einen Freund. Und dieser Freund setzt sich für ihn ein. Das verarmte Waisenkind in

Russland, die niedergeschlagene Kriegswitwe, der alternde Gläubige im Pflegeheim – sie alle denken vielleicht, dass sie keine Stimme mehr haben, keine Macht, keinen Einfluss. Aber sie haben einen Freund – einen Ratgeber, einen Tröster: Gottes Heiligen Geist, der die Sprache des Himmels spricht. „Er betet durch und für uns und verwandelt unser wortloses Seufzen, unser schmerzliches Stöhnen in Gebete. Er vertritt uns vor Gott (Römer 8,26–27; *The Message*).

Gott ist gar nicht darauf angewiesen, dass Sie mit all Ihren Anliegen zu ihm kommen. Keiner von uns betet so viel, wie wir sollten, aber wir alle beten mehr, als wir denken, denn der Heilige Geist verwandelt unsere Seufzer in Gebete und unsere Tränen in Flehen. Er spricht für Sie und beschützt Sie. Er sorgt dafür, dass Sie gehört werden. Er sorgt dafür, dass Sie nach Hause kommen.

Stellen Sie sich einmal vor, dass jemand nie davon gehört hat, dass Gott uns sein Siegel aufgedrückt hat, als Zeichen dafür, dass wir jetzt zu ihm gehören und dass der Heilige Geist für ihn betet. Diese Person denkt nun vielleicht, dass sie ihre Probleme ganz allein lösen und selbst einen Ausweg finden muss, wenn sie in Schwierigkeiten steckt – dass Gott da nicht seine Hand im Spiel hat – und dass es an ihr liegt, ob ihre Gebete etwas bewegen, und nicht am Heiligen Geist. Was für ein Leben wird diese Person führen?

Wahrscheinlich ein dürres, vertrocknetes Leben ohne Gebet. Dass sie ständig darum kämpfen muss, geistlich in der Spur zu bleiben, raubt ihr alle Kraft. Die Vorstellung, dass sie einsam und allein vor Gott steht, entmutigt sie. Also lebt sie ein trostloses Leben und spricht nicht wirklich oft mit Gott.

Aber was ist mit demjenigen, der daran glaubt, dass der Heilige Geist für ihn eintritt? Der wirklich darauf vertraut? Stellen Sie sich vor, dass diese Person aus der Quelle dieser Gewissheit trinkt. Oder besser noch: Stellen Sie sich vor, dass Sie das tun. Stellen Sie sich vor, dass Sie sich von Gottes Heiligem Geist mit Gewissheit erfüllen lassen. Schließlich „können wir gar nicht genug Gefäße auftreiben, um all das aufzufangen, was Gott durch den Heiligen Geist so großzügig über unserem Leben ausgießt!“ (Römer 5,5; *The Message*).

Werden Sie sich dadurch verändern? Darauf können Sie jede Wette eingehen. Sie werden aufrecht durchs Leben gehen, wenn Sie das erdrückende Gewicht der Selbsterlösung ablegen. Ihre Knie werden sich beugen, wenn Sie entdecken, dass der für Sie eintretende Heilige Geist Ihren Worten Kraft verleiht. Ein neuer Anfang. Ein aufrechter Gang. Tiefgehendere Gebete. Und vor allem eine stille Zuversicht, weil Sie wissen, dass es nicht an Ihnen liegt, ob Gott eingreift. Und dann können Sie, genau wie meine kleine Freundin Hannah, zu den Fieslingen dieser Welt sagen: „Tu, was du nicht lassen kannst, aber weißt du: Gott ist auf meiner Seite.“

Kapitel 8

Geborgen unter seinen Flügeln

Wenn der Herr deine Zuflucht ist,
... dann wird das Böse dir nichts anhaben können.
Psalm 91,9–10

Habe ich gerade richtig gesehen? Ich drehte eine weitere Runde um den Block, um noch einmal nachzuschauen. Die Mitteilung, die dort unter dem Stoppschild hing, sah aus, als hätte jemand sie mit dem Computer ausgedruckt: gelbes Papier und fette Schrift. In unserer Nachbarschaft werden alle möglichen Schilder und Flugblätter ausgedruckt, deshalb war es weniger die Tatsache, dass dort etwas hing, die mich überraschte, als vielmehr das, was darauf stand:

GEFUNDEN: HÄNGEBAUCHSCHWEIN

Darunter zwei Telefonnummern, eine für Anrufe tagsüber und eine für abends. So ein Schild hatte ich noch nie gesehen. Ich war durchaus schon über ähnliche Aushänge gestolpert:

GEFUNDEN: SCHWARZER RETRIEVER

GEFUNDEN: FARBENFROHES SKATEBOARD

GEFUNDEN: GOLDENE BROSCHE

Aber „Gefunden: Hängebauchschwein"?! Wer verliert denn Schweine? Wer *besitzt* überhaupt Schweine? Ich kenne viele Haustierbesitzer, aber jemanden, der ein Hausschwein hat? Nein. Können Sie sich vorstellen, sich um ein Schwein zu kümmern? Laden Hausschweinbesitzer ihre Gäste dazu ein, das Schwein zu streicheln? Hängen sie ein Schild ans Gartentor: „Hier wache ich“ mit dem Bild von einem Hängebauchschwein? Hausschweinbesitzer müssen eine ganz besondere Art Mensch sein.

Und wie viel mehr gilt das für diejenigen, die sie „retten“! Dem Schild ist vermutlich eine seltsame Begegnung vorausgegangen. Jemand hat das Schwein entdeckt, wie es auf dem Gehweg herumgestreunert ist. „Armes Ding. Steig ins Auto, kleines Schweinchen. Die Straße ist kein Ort für ein einsames Schwein. Ich nehm dich mit nach Hause.“

Stellen Sie sich vor, so ein Schwein taucht auf Ihrer Terrasse auf. Würden Sie die Tür aufmachen, wenn Sie ein Grunzen hören? Ich nicht. Ein Golden Retriever? Auf jeden Fall! Ein Schäferhund? Geht noch. Ein Bernhardiner? Nehme ich für ein paar Nächte bei mir auf und hänge ein paar Flugblätter auf. Aber ein Hängebauchschwein? Tut mir leid. Das müsste draußen bleiben.

Ich würde mich ehrlich gesagt auch nicht auf die Suche begeben, wenn ich eines verloren hätte. Aber Gott schon. Genau das hat er nämlich getan, als er *uns* eingeladen hat, Teil seiner Familie zu werden.

Wir gehen manchmal im Stillen davon aus, dass Gott sich nur für die Prachtexemplare dieser Welt interessiert. Diejenigen, die einen guten Stammbaum haben. Die nicht schlabbern, die stubenrein und in einem besonders frommen Umfeld aufgewachsen sind. Wenn Gott einen Pudel oder eine Dänische Dogge herumstreunen sieht, macht er die Autotür auf. Aber was ist mit dem Rest von uns? Wir streunen ja auch gern herum. Wir verirren uns hin und wieder und sind weit von zu Hause entfernt. Sind wir es wert, dass er auf uns aufpasst?

Psalm 91 antwortet mit einem entschiedenen Ja! Wenn Sie wissen wollen, wie mächtig Gott ist und was er alles für Sie tun will, dann schauen Sie doch einmal bei Davids Dichtung vorbei:

Wer im Schutz des Höchsten lebt, der findet Ruhe
im Schatten des Allmächtigen.
Der spricht zu dem Herrn: Du bist meine Zuflucht und
meine Burg, mein Gott, dem ich vertraue.
Denn er wird dich vor allen Gefahren bewahren und
dich in Todesnot beschützen.
Er wird dich mit seinen Flügeln bedecken,
und du findest bei ihm Zuflucht. Seine Treue schützt dich
wie ein großer Schild.
Fürchte dich nicht vor den Angriffen in der Nacht und
habe keine Angst vor den Gefahren des Tages,
vor der Pest, die im Dunkeln lauert, vor der Seuche,
die dich am hellen Tag trifft.
Psalm 91,1–6

Gott will Sie nicht nur beschützen oder Ihnen vielleicht Unterschlupf gewähren. Er garantiert, dass er Sie beschützen wird. Dass Sie Ihr Leben innerlich ganz gelassen führen können, ist dem Himmel wichtig. Gottes Gegenwart umgibt Ihr Leben. Gott, Ihr Beschützer, schirmt Sie vor dem Bösen ab.

Während des Clinton-Levinsky-Skandals sprach Sonderstaatsanwalt Kenneth Starr in unserer Gemeinde. Da wegen der Ereignisse gerade eine aufgeheizte Stimmung herrschte, wurde jeder seiner Schritte von zwei knallharten US-Marschalls bewacht. Einer ging vor ihm und der andere hinter ihm. Zwischen den einzelnen Gottesdiensten beobachteten sie schweigend all diejenigen, die ihm die Hand schüttelten. Während Staatsanwalt Starr im Ruheraum saß, standen sie vor seiner Tür. Als ich mich erkundigte, ob ihm ihre Anwesenheit nichts ausmache, meinte Richter Starr nur achselzuckend: „Es ist tröstlich und beruhigend zu wissen, dass sie mich beschützen."

Wie viel mehr gilt das erst für Gott! Er beobachtet jeden, der Ihnen begegnet. Wenn Sie unterwegs sind, geht er Ihnen voraus. Wenn Sie schlafen, steht er Wache. „Er wird dich mit seinen Flügeln bedecken, und du findest bei ihm Zuflucht. Seine Treue schützt dich wie ein großer Schild" (Vers 4).

Wenn ich mir vorstelle, unter den Flügeln von *El Schaddai* – dem Allmächtigen – zu leben, fällt mir ein verregneter Picknickausflug ein. Während unseres Studiums entkamen meine Freunde und ich gerade noch einem Sturm, bevor dieser über den Park fegte, in dem wir den Samstagnachmittag verbracht hatten. Als wir wegfuhren, brachte mein Kumpel das Auto noch einmal abrupt zum Stehen und deutete auf eine berührende Szene: Ein Vogelweibchen saß dem Regen ausgesetzt da und hatte seine Flügel über sein Junges gebreitet, das aus dem Nest gefallen war. Aufgrund des heftigen Sturms konnte es nicht in den Baum zurückkehren, also bedeckte es sein Junges, bis der Wind nachließ.

Vor wie vielen Stürmen beschützt Gott Sie wohl? In solchen Augenblicken umgibt er Sie schützend mit seinen Flügeln. Ein Kritiker, der Ihnen das Leben schwer macht, wird vielleicht auf dem Weg zu Ihrem Schreibtisch von einem Telefonanruf aufgehalten. Ein Einbrecher hat auf dem Weg zu Ihrem Haus eine Reifenpanne. Einem betrunkenen Autofahrer geht der Sprit aus, bevor er Ihren Weg kreuzt. Gott, Ihr Beschützer, bewahrt Sie:

„vor allen Gefahren" (Vers 3),
„vor der Pest, die im Dunkel lauert" (Vers 6),
„vor den Angriffen in der Nacht und ... vor den Gefahren des Tages" (Vers 5).

In einer anderen Bibelübersetzung heißt es sogar ganz gewagt: „So wird dir kein Unglück zustoßen, und kein Schicksalsschlag wird dich in deinem Zuhause treffen" (Vers 10; NGÜ).

„Warum passiert es dann doch?", ruft jetzt vielleicht jemand dazwischen. „Erklären Sie mir doch mal die Pandemie. Oder den Tod unseres Kindes." So denken gern Hängebauchschweine. „Gott schützt Huskys und Irische Setter, aber kleine Köter wie mich?" Oder vielleicht lässt sich an Ihrem Zauberwürfel ein Eckstein nicht mehr drehen. Wenn Gott uns beschützt, warum stoßen uns dann schlimme Dinge zu?

Tun sie das wirklich? Sind Ihnen *wirklich* schlimme Dinge passiert? Könnte es nicht auch sein, dass Sie und Gott unterschiedliche Vorstellungen davon haben, was *schlimm* bedeutet? Bei Eltern und Kindern ist das jedenfalls so. Wenn man einen Teenager nach seiner Definition des Wortes *schlimm* fragen würde, würde er vielleicht entgegnen: „Ein Pickel auf der Nase, wenn ich eine Verabredung habe", „Freitagabend allein zu Hause verbringen zu müssen“ oder „Ein Überraschungstest in Mathe“. „Papa, solche Dinge sind echt schlimm!“, sagt der Jugendliche.

Der Vater, der schon etwas länger auf diesem Planeten ist, sieht das anders. Pickel verschwinden wieder. Und die Zeit wird kommen, da Sie einen ruhigen Abend allein zu Hause zu schätzen wissen. Sind diese Dinge unangenehm? Ja. Ist man darüber unglücklich? Natürlich. Aber sind solche Sachen wirklich *schlimm*? Sparen Sie sich dieses Wort lieber für die Notaufnahme oder den Friedhof auf.

Was für ein Kind schlimm ist, ist für den Vater nicht immer ein Weltuntergang. Wenn eine Fünfjährige ihr Eis fallen lässt, ist das für sie eine Katastrophe. Ihr Vater sieht das anders.

Was für Sie und mich eine absolute Katastrophe ist, ist für Gott vielleicht nur ein vorübergehendes Pickelproblem. Er betrachtet Ihr Leben so wie Sie einen Film, wenn Sie vorher das Buch gelesen haben: Wenn etwas Schlimmes passiert, ist es totenstill im Saal. Jeder hält die Luft an, nur Sie nicht. Warum? Sie haben das Buch gelesen, Sie kennen die Geschichte und wissen, was passiert. Sie wissen, dass sich der Gute wieder befreien wird. Mit der gleichen Zuversicht betrachtet Gott auch Ihr Leben. Und er hat die Geschichte nicht nur gelesen – er hat sie sogar geschrieben. Er hat einen ganz anderen Blickwinkel und seine Absichten sind klar.

Gott gebraucht Schwierigkeiten manchmal, damit wir in geistlicher Hinsicht ein dickeres Fell bekommen:

Betrachtet es als Geschenk, meine Freunde, wenn von allen Seiten Prüfungen und Probleme auf euch einprasseln. Wisst ihr, euer Glaubensleben tritt unter Druck an die Öffentlichkeit, und man kann erkennen, wie es wirklich darum bestellt ist. Versucht also nicht, euch vorzeitig davon zu befreien. Lasst die Prüfungen ihre Arbeit tun, damit ihr reift, euch gut entwickelt und keine Schwächen habt.

Jakobus 1,2–4 (*The Message*)

Eines von Gottes Heilmitteln für einen schwachen Glauben? Ein gutes, gesundheitsförderndes Problem. Vor einigen Jahren sind wir mit der Familie nach Williamsburg in Virginia gefahren, wo das historische Williamsburg aus dem 18. Jahrhundert nachgebaut wurde. Falls Sie die Gelegenheit haben, den Ort zu besuchen, dann achten Sie doch einmal ganz besonders auf den Silberschmied. Der Handwerker legt einen Silberbarren auf den Amboss und schlägt mit einem Schmiedehammer darauf. Wenn das Metall dann flach genug ist, um es zu formen, kommt es in den Ofen. Der Handwerker erhitzt und hämmert das Metall abwechselnd, und zwar so lange, bis es eine Form hat, mit der er etwas anfangen kann.

Erhitzen, hämmern.

Erhitzen, hämmern.

Abgabetermin, Stau.

Streit, Geringschätzung.

Laute Sirenen, schweigendes Telefon.

Erhitzen, hämmern.

Erhitzen, hämmern.

Wussten Sie, dass das Wort *Schmied* im Englischen *smith* heißt, was wiederum von *smite* kommt und *schlagen, peinigen* bedeutet? Silberschmiede sind also gewissermaßen perfekte Peiniger. Und Gott in gewisser Hinsicht auch. Wenn der Handwerker mit der Form des Werkstücks zufrieden ist, fängt er an, es zu glätten und zu polieren. Mit kleineren Hämmern und Punzen hämmert, klopft und verziert er. Und niemand hält ihn auf. Niemand reißt ihm den Hammer aus der Hand und sagt: „Sei nicht so hart zum Silber. Du hast lange genug darauf eingeschlagen!" Nein, der Handwerker schlägt auf das Metall ein, bis er fertig ist. Ich habe mir sagen lassen, dass manche Silberschmiede das Stück so lange polieren, bis sie sich darin spiegeln können. Wann wird Gott mit Ihnen fertig sein? Erst wenn er sein Spiegelbild in Ihnen erkennen kann! „Der Herr wird alles für mich zu einem guten Ende bringen! ... und was du zu tun begonnen hast, davon wirst du nicht ablassen" (Psalm 138,8; NGÜ). Und auch Jesus hat darauf hingewiesen, dass Gott unablässig an uns arbeitet: „Mein Vater hat bis heute nicht aufgehört zu wirken" (Johannes 5,17).

Gott beschützt die, die sich ihm zuwenden. Wenn Sie „Schläge" spüren, dann bedeutet das nicht, dass er Sie verlassen hat, sondern sie beweisen seine Nähe. Vertrauen Sie darauf, dass er nur Ihr Wohl im Sinn hat. Und hat er Ihr Vertrauen nicht verdient?

Hat er jemals etwas gesagt, das sich nicht erfüllt hat? Etwas versprochen, das sich als Lüge entpuppt hat? Nachdem er Gott jahrzehntelang gefolgt war, kam Josua zu dem Schluss: „Nicht eine einzige Verheißung, die der Herr Israel gegeben hatte, blieb unerfüllt. Sie trafen alle ein" (Josua 21,45).

Wenn Sie im Wörterbuch des Himmels die Definition von *zuverlässig* nachschlagen, steht dort nur ein Wort: *Gott*. „Wenn wir untreu sind, bleibt er treu, denn er kann sich selbst nicht verleugnen“ (2. Timotheus 2,13).

Erstellen Sie doch mal eine Liste seiner Fehler. Es wird eine recht kurze Liste sein, oder? Und jetzt erstellen Sie doch mal eine Liste der Gelegenheiten, bei denen er Ihnen Ihre Fehler vergeben hat. Wer sonst auf der Welt hat so eine Akte? „Gott, der euch berufen hat, ist treu; er wird halten, was er versprochen hat“ (1. Thessalonicher 5,24).

Sie können sich auf ihn verlassen. Er „ist gestern, heute und in Ewigkeit derselbe“ (Hebräer 13,8). Und weil er der Herr ist, wird er „zu jeder Zeit seine Zuverlässigkeit beweisen“ (Jesaja 33,6).

Vertrauen Sie ihm. „Doch wenn ich Angst habe, vertraue ich dir“ (Psalm 56,4). Machen Sie es wie Jesaja, der beschloss: „Ich vertraue ihm und habe keine Angst“ (Jesaja 12,2).

Gott sorgt dafür, dass Sie den richtigen Weg nicht aus den Augen verlieren. Er freut sich über alles, was Ihr Leben betrifft (Psalm 37,23–24). Ganz egal, wer Sie sind – Hängebauchschwein oder ein Zuchttier mit großartigem Stammbaum –, für Gott macht das keinen Unterschied. Er sieht nur Sie.

Das Auto, das gerade dort drüben anhält, gehört übrigens ihm. Gott öffnet Ihnen die Autotür. Klettern Sie doch auf den Beifahrersitz und schauen Sie einmal, wie er das nächste Kapitel Ihrer Lebensgeschichte schreiben wird.

Kapitel 9

Tauchen Sie tief in Gottes Liebe ein

Und ihr könnt auch die Liebe erkennen,
die Christus zu uns hat;
eine Liebe, die größer ist, als ihr je begreifen werdet.
Epheser 3,19

Pipín Ferreras will nach unten, tiefer hinunter als jemals ein Mensch zuvor getaucht ist. Sie und ich wären wahrscheinlich mit drei bis sechs Metern zufrieden. Besonders Risikofreudige schaffen zwölf bis fünfzehn Meter. Doch Pipín ist anders. Dieser legendäre kubanische Taucher ist bis in 162 Metern Tiefe hinabgetaucht, nur mit Schwimmflossen, einem Taucheranzug, großer Entschlossenheit und einem tiefen Atemzug Sauerstoff.

Seine Reise dauerte drei Minuten und zwölf Sekunden. Um sich auf einen solchen Tauchgang vorzubereiten, füllt er seine Lungen mit 8,2 Litern Luft – fast doppelt so viel wie das Lungenvolumen eines gewöhnlichen Menschen. Er atmet mehrfach tief ein und aus, wobei seine Luftröhre wie eine Fahrradpumpe klingt. Dann schlingt er seine Knie um die Querstange eines Aluminiumschlittens, der ihn dann Richtung Meeresboden zieht.[1]

Kein Apnoetaucher ist zu dieser Zeit jemals tiefer hinabgekommen. Trotzdem will er noch mehr. Obwohl er mit dem dort herrschenden Druck vertraut ist, unter dem während des Zweiten Weltkrieges auch U-Boote getestet wurden, genügt ihm das nicht. Die Tiefe ruft nach ihm. Er will noch tiefer hinab.

Kann ich Sie für einen ähnlich faszinierenden Abstieg interessieren? Nicht in den Ozean, sondern in die grenzenlose Liebe Gottes.

… dass … ihr in der Liebe tief verwurzelt und fest gegründet seid. So werdet ihr befähigt, mit allen Heiligen zusammen die Breite und Länge und Höhe und Tiefe zu ermessen und die Liebe Christi zu erkennen, die alle Erkenntnis übersteigt, und so werdet ihr immer mehr erfüllt werden von der ganzen Fülle Gottes.

Epheser 3,17–19 (Zürcher Bibel)

Wenn Paulus Gottes Liebe beschreiben will, kommt er um das Wort *tief* nicht herum. Er fordert die Empfänger seines Briefes auf, „in der Liebe tief verwurzelt" (Vers 17) zu sein und „die Tiefe" der „Liebe Christi [zu] erkennen" (Vers 18).

Stellen Sie sich vor, wie Ferreras in die Tiefe hinabtaucht. Nachdem er so tief gekommen ist, sieht er nur noch eines: Wasser. Rechts von ihm, links von ihm, unter ihm, über ihm – seine Welt besteht nur noch aus Wasser. Wasser bestimmt seine Tauchgänge, legt seine Richtung fest, befreit ihn und zeigt ihm seine Grenzen. Seine gesamte Welt besteht aus Wasser.

Kann ein Mensch genauso tief in Gottes Liebe eintauchen? Kann man so tief darin versinken, dass man nichts anderes mehr sieht? David Brainerd, der im 18. Jahrhundert als Missionar unter den nordamerikanischen Indianern lebte, würde diese Frage bejahen. Er schrieb damals in seinem Tagebuch:

> *Ich zog mich an meinen üblichen Ruheort zurück, in tiefe Abgeschiedenheit. Ich hauchte mein Verlangen nach vollkommener Einheit mit ihm in allen Dingen*

aus. Gott war so kostbar, dass mir die Welt mit all ihren Freuden dagegen abscheulich schien. Die Gunst der Menschen war mir so wertvoll wie ein Kieselstein.

Um die Mittagszeit hatte ich das brennendste Verlangen nach Gott, das ich je erlebt hatte.

An meinem stillen Rückzugsort konnte ich meinem Herrn nur noch mit lieblicher Ruhe sagen, er wisse, dass mich nur nach ihm verlangte, nur nach Heiligkeit und dass er mir dieses Verlangen geschenkt hatte und nur er mir mein Verlangen gewähren konnte.

Noch nie hatte ich mich so losgelöst von mir selbst gefühlt und so völlig Gott hingegeben.

Die meiste Zeit des Tages war mein Herz völlig in Gott versunken.[2]

Auf Ihrer Reise zum Neuanfang müssen Sie genauso tief in diese Liebe eintauchen. Die Bibel bietet Ihnen dazu einen Anker. Halten Sie sich an diesem Vers fest und lassen Sie sich hineinziehen: „Gott ist Liebe" (1. Johannes 4,16).

Schon das zweite Wort verrät uns, wie absolut ungewöhnlich und überraschend Gottes Liebe ist – sie hat nichts mit Ihnen zu tun. Andere lieben Sie um Ihretwillen, wegen Ihrer Grübchen, wenn Sie lächeln, oder weil Sie so geistreich und schlagfertig sind. Manche Menschen lieben Sie, weil Sie eben Sie sind. Aber Gott ist anders. Er liebt Sie, weil er er ist. Er liebt Sie, weil er es beschlossen hat. Seine Liebe, die aus sich selbst heraus entsteht, nicht durch etwas ausgelöst wird, sondern freiwillig ist und sich niemals ändert, hängt von seiner Entscheidung ab, sie Ihnen zu schenken. „Der Herr hat euch nicht erwählt und hält an euch fest, weil ihr größer oder bedeutender wärt als die anderen Völker – ihr seid sogar das unbedeutendste aller Völker –, sondern weil er euch liebt" (5. Mose 7,7–8).

Sie können Gottes Liebe nicht beeinflussen. Genauso wenig, wie Sie beeinflussen können, dass ein Baum ein Baum, der Himmel der Himmel oder ein Fels ein Fels ist, können Sie Gottes Liebe beeinflussen. Wenn Sie es könnten, hätte Johannes mehr Tinte gebraucht: „Gott ist gelegentlich Liebe" oder „sporadisch Liebe" oder „Schönwetterliebe". Wenn Ihr Handeln etwas an seiner Hingabe ändern würde, wäre Gott nicht Liebe; dann wäre er ein Mensch, denn genau so ist menschliche Liebe.

Und von menschlicher Liebe haben Sie genug, nicht wahr? Genug von den Typen, die Sie charmant umgarnen. Genug von den Boulevardblättern, die Ihnen weismachen wollen, wahre Liebe sei nur eine Diät weit entfernt. Genug von den überhöhten Erwartungen Ihres Chefs, Ihrer Eltern, Ihres Pastors. Genug davon, dass der Morgen danach einen schalen Beigeschmack hat, weil Sie auf der Suche nach Liebe mal wieder einen Fehler begangen haben.

Suchen Sie nicht auch nach einer Quelle der Liebe, die nie austrocknen wird? Sie finden sie auf einem Felshügel außerhalb von Jerusalem, wo Jesus mit einer Dornenkrone auf dem Kopf ans Kreuz genagelt hängt. Steigen Sie auf diesen Hügel, wenn Sie sich ungeliebt fühlen. Denken Sie lange und intensiv über Gottes Liebe zu Ihnen nach. Beide Augen sind zugeschwollen von den Schlägen, die Haut auf den Schultern hängt in Fetzen, die Lippen sind blutig und rissig. Die Barthaare büschelweise ausgerissen. Stoßweise kommt sein Atem. Wenn Sie in das blutige Gesicht von Gottes einzigem Sohn schauen, dann denken Sie daran: „Gott dagegen beweist uns seine große Liebe dadurch, dass er Christus sandte, damit dieser für uns sterben sollte, als wir noch Sünder waren" (Römer 5,8).

Trauen Sie keinen anderen Maßstäben. Das tun wir oft. Wenn wir die Gesunden und Wohlhabenden sehen, neigen wir dazu zu denken: *Gott muss ihn wirklich lieben. Er ist so mit Gesundheit, Geld, gutem Aussehen und Begabungen gesegnet.*

Oder wir tendieren zum anderen Extrem. Wenn wir allein und hilflos im Krankenhausbett liegen, folgern wir daraus: *Gott liebt mich nicht. Warum sollte er auch? Schaut mich doch an!*

Lassen Sie solche Gedanken einfach nicht zu! Erfolg ist genauso wenig ein Zeichen für Gottes Liebe, wie Probleme ein Zeichen dafür sind, dass er Sie nicht liebt. Nicht die Tatsache, ob Sie einen guten oder schlechten Tag haben, entscheidet über Gottes Liebe, sondern dass sein Sohn am Kreuz für Sie gestorben ist. Machen Sie sich das immer wieder bewusst. Lassen Sie die Zeit zwischen Ihren Ausflügen zum Kreuz von Tag zu Tag kürzer werden. Entdecken Sie, was Brainerd meinte, als er schrieb: „Die meiste Zeit des Tages war mein Herz völlig in Gott versunken." Nehmen Sie Jesu Einladung an: „Bleibt in meiner Liebe" (Johannes 15,9).

Wenn Sie an einem Ort bleiben, dann bedeutet das, dass Sie sich dort einrichten. Sie gewöhnen sich an die Umgebung, machen sich mit ihr vertraut. Sie fahren nicht in die Einfahrt und stellen sich dann die Frage, wo die Garage ist. Sie müssen nicht auf den Bauplan schauen, um die Küche zu finden. *Bleiben* bedeutet, zu Hause zu sein.

In der Liebe von Jesus Christus zu bleiben bedeutet also,

seine Liebe zu Ihrem Zuhause zu machen. Sie ist dann kein Rastplatz an der Autobahn oder ein Hotelzimmer, in dem Sie gelegentlich übernachten, sondern Ihr erster Wohnsitz. Sie kommen bei Jesus zur Ruhe. Sie essen mit ihm. Wenn der Donner grollt, ziehen Sie sich unter sein Dach zurück. Seine Wände schützen Sie vor stürmischen Winden. Sein Kamin wärmt Sie im Winter des Lebens. Wie Johannes schon so eindringlich sagte: „Wir haben unseren festen Wohnsitz in einem Leben der Liebe" (1. Johannes 4,17; *The Message*). Sie verlassen das alte Haus der falschen Liebe und ziehen in sein Haus der wahren Liebe ein.

Sich an dieses neue Zuhause zu gewöhnen braucht Zeit. In den ersten Nächten in einem neuen Haus wachen Sie vielleicht mehrfach auf oder laufen auf dem Weg ins Bad gegen eine Wand. So ging es mir jedenfalls. Na ja, nicht in einem neuen Haus, aber in einem Motel. Ich war aufgestanden, um mir ein Glas Wasser zu holen, drehte mich nach links und stieß mir die Nase an. Die Dimensionen des Raumes waren einfach anders als das, was ich gewöhnt war.

Die Dimensionen von Gottes Liebe sind ebenfalls anders. Sie leben schon Ihr gesamtes Leben lang in einem Haus unvollkommener Liebe. Sie glauben, Gott würde Sie genauso anschnauzen wie Ihr Trainer. Oder er würde Sie verlassen, wie Ihr Vater es getan hat, oder Sie verurteilen, wie die Frommen es getan haben, oder Sie beschimpfen wie Ihr Freund. Das wird er nicht, doch es dauert eine Weile, bis Sie wirklich davon überzeugt sind.

Deshalb: Bleiben Sie in ihm. Halten Sie sich so an Jesus Christus fest wie eine Rebe an den Weinstock. Nach Aussage von Jesus ist diese Rebe ein Bild dafür, wie man *bleibt*. „Eine

Rebe kann nicht aus sich selbst heraus Frucht hervorbringen; sie muss am Weinstock bleiben. Genauso wenig könnt ihr Frucht hervorbringen, wenn ihr nicht in mir bleibt" (Johannes 15,4; NGÜ).

Lässt eine Rebe jemals den Weinstock los? Dann wäre sie in Lebensgefahr. Stellt die Rebe jemals die Nahrungsaufnahme ein? Nein. Sie empfängt rund um die Uhr Nährstoffe vom Weinstock. Würden Sie sagen, dass die Rebe vom Weinstock abhängig sei? Ich schon. Wenn es Seminare für Reben gäbe, hießen die wohl: „Nur nicht loslassen! So halten Sie am Weinstock fest." Aber es gibt keine Seminare für Reben, denn sie müssten den Weinstock loslassen, um daran teilzunehmen, und das werden sie niemals freiwillig tun.

Wie gut bestehen Sie den Weinstock-Test? Lassen Sie die Liebe von Jesus jemals los? Bekommen Sie manchmal keine Nahrung? Hören Sie manchmal auf, aus seinem Vorrat zu schöpfen? Wenn Sie das tun, laufen Sie Gefahr, dass Ihr Herz austrocknet. Wenn Sie das tun, riskieren Sie, die gleiche Erfahrung wie die Fadenwürmer zu machen.

Der Fadenwurm kann lange Trockenzeiten überleben, indem er sich von der Umgebung abschottet. Er fährt alle Lebensprozesse herunter und scheidet so lange Wasser aus, bis er so trocken ist wie ein Wattebausch. Diesen Zustand nennt man Anhydrobiose oder Trockenstarre. Ein Viertel seiner Masse verwandelt sich so in ein Material, das sich um seine inneren Organe legt und sie schützt. Dann schrumpft er bis auf etwa sieben Prozent seiner normalen Größe und wartet, bis die Trockenzeit vorüber ist.[3]

Wissenschaftler versichern uns, dass Menschen nicht dazu in der Lage sind. Doch ich bin mir da nicht so sicher.

- Ein Freund wurde von seiner Ehefrau verlassen. „Jetzt, wo die Kinder groß sind", verkündete sie, „bin ich an der Reihe. Ich will mich amüsieren."
- Vor Kurzem war in den Schlagzeilen zu lesen, dass ein Mann seine Frau und seine Kinder nach der Trennung umgebracht hatte. Seine Erklärung? Wenn er sie nicht haben konnte, sollte niemand sie haben.
- Gestern erhielt ich eine Mail von einem Mann, der seit einer Weile gegen Pornosucht ankämpft. Er glaubt nicht, dass Gott ihm das vergeben kann.

Trockenstarre des Herzens. Emotionale Distanz. Vertrocknete Seelen. Sie ziehen sich immer weiter in sich zurück, weil in Ihrem Leben eine Liebestrockenheit herrscht. Sie legen sich eine harte Schale zu, um unter Wüstenbedingungen zu überleben. Nein, wir wurden nicht dazu erschaffen, so zu leben. Was können wir also tun?

Aus einer Datei mit dem Namen „Wird nie passieren" habe ich folgenden Vorschlag gefischt: Machen wir das Gebot von Jesus zum Gesetz. Jeder muss in der Liebe Gottes zu Hause sein. Hiermit sei festgelegt und verkündet:

Niemand darf morgens das Haus verlassen, ohne vorher eine göttliche Liebesdusche empfangen zu haben.

Taxifahrer. Staatsoberhäupter. Prediger. Zahnärztinnen und Fernfahrer. Alle müssen so lange am Quell seiner Liebe bleiben, bis jeglicher Durst gestillt ist. Und damit meine ich, wir müssen so viel trinken, bis wir nicht mehr können. Alle Herzen müssen vollständig hydriert sein. Dann, und nur dann, dürfen sie auf die Straße hinaus, in die Labore, Klassenzimmer und Besprechungsräume dieser Welt.

Sehnen Sie sich nicht auch nach der Veränderung, die wir dann erleben würden? Weniger Gehupe und mehr Umarmungen und Hilfsbereitschaft. Wir bekämen weniger kritische Bemerkungen und mehr Komplimente zu hören. Vergebung würde ein Allzeithoch erleben, denn wie könnten Sie sich weigern, jemandem eine zweite Chance zu geben, wenn Gott aus Ihrem Leben einen einzigen Neuanfang gemacht hat? Ärzte würden statt Beruhigungsmitteln Bibelverse verschreiben: „Denken Sie sechsmal pro Stunde über Gottes Verheißung nach: ‚Ich habe dich schon immer geliebt.'" Und können Sie die neuartigen Nachrichten hören? „Seit dem Inkrafttreten des Liebesgesetzes ist die Scheidungsrate zurückgegangen, weniger Kinder laufen von zu Hause weg und Politiker aller Parteien haben beschlossen, in allen Punkten zusammenzuarbeiten."

Verrückter Gedanke? Da gebe ich Ihnen recht. Man kann aus Gottes Liebe kein Gesetz machen, aber man kann sich dafür entscheiden. Entscheiden Sie sich also dafür – um neu anzufangen. Um sich auf die Reise zu machen. Um Christi und um Ihretwillen, entscheiden Sie sich dafür. Das Gebet ist so kraftvoll wie einfach: „Herr, ich will deine Liebe empfangen. Nichts kann mich von deiner Liebe trennen."

Mein Freund Keith ist mit seiner Frau nach Cozumel in Mexiko gefahren. Dort wollen die beiden ihren Hochzeitstag feiern. Sarah liebt es, schnorcheln zu gehen. Wenn man ihr Flossen, eine Taucherbrille und einen Schnorchel gibt, wird sie wenig später im Wasser verschwinden. Sie taucht ab, um die Geheimnisse der Tiefe zu erforschen.

Zu Keiths Vorstellung vom Schnorcheln gehören auch Flossen, eine Taucherbrille und ein Schnorchel ebenfalls, aber auch ein Schwimmbrett. Er ist mit der Wasseroberfläche zufrieden.

Sarah überredete ihn dennoch, mit ihr tauchen zu gehen. Fünfzehn Meter vom Ufer entfernt rief sie ihm zu, er solle doch hinauspaddeln. Und er tat es. Die beiden tauchten ab und sie zeigte ihm ein fünf Meter großes Kreuz unter der Wasseroberfläche. „Wenn ich noch mehr Luft gehabt hätte, hätte der Anblick mir den Atem verschlagen", gestand er mir später.

Jesus lädt Sie ebenfalls dazu ein, abzutauchen und den gleichen Anblick zu genießen. Vergessen Sie die Ausblicke von der Oberfläche. Kein Sonnenbrand mehr auf dem Rücken. Tauchen Sie hinab. Holen Sie tief Luft, und tauchen Sie so tief in seine Liebe ein, dass Sie nichts anderes mehr sehen.

Stimmen Sie in die Worte des Psalmisten ein:

Wen habe ich im Himmel außer dir?
Du bist mir wichtiger als alles andere auf der Erde.
Bin ich auch krank und völlig geschwächt,
bleibt Gott der Trost meines Herzens,
er gehört mir für immer und ewig ...
Ich erinnere mich, dass du gesagt hast:
„Suchet meine Nähe."
Und ich habe geantwortet: „Herr, dich suche ich."
Psalm 73,25–26; 27,8

Teil III

Vertrauen Sie seinen Verheißungen

Niemand hatte mir gesagt, dass es neue Zapfsäulen geben würde. Vielleicht hatte ich die Nachricht verschlafen. Vielleicht hatte ich den Artikel in der Zeitung nicht gelesen. Wer weiß, was der Grund war. Ich weiß nur noch: Plötzlich konnte ich nicht mehr tanken. Ich war wie üblich zur Kassiererin gegangen, hatte ihr zwanzig Dollar hingehalten und sie gebeten, Zapfsäule 3 freizuschalten. Aber sie wollte mein Geld nicht.

„Sie müssen mir kein Geld mehr geben."

„Ernsthaft?"

„Sie können an der Zapfsäule mit Kreditkarte bezahlen."

„An der Zapfsäule?"

„Ja, an der Zapfsäule."

Manche von Ihnen sind zu jung und kennen das nicht mehr, aber früher haben wir an der Tankstelle mit Bargeld bezahlt. Ja! Fragen Sie Ihre Eltern oder Großeltern. Wir Amerikaner erledigen ja die meisten Käufe mit Kreditkarte. Aber das Leben war nicht immer so einfach. Als wir noch jung waren, wagten wir uns in die Eiseskälte oder in die Gluthitze hinaus und marschierten von der Zapfsäule in den Laden. Ich glaube, es waren fünf Kilometer, bergauf, mit Gegenwind.

Und es war ein großer Tag, als an den Zapfsäulen Kreditkarten-Lesegeräte angebracht wurden.

Doch meine erste Begegnung damit war verwirrend. Ich ging zurück zum Auto und überlegte, was ich jetzt tun musste. Stunden vergingen. Ich stand mit der Kreditkarte in der einen Hand und dem Tankstutzen in der anderen zwischen der Zapfsäule und meinem Wagen und starrte auf die blinkenden Buchstaben, die über das winzige Display liefen. Ich konnte nicht glauben, was ich dort las.

„Swipe Card."[1]

Karte klauen? Warum sollte ich eine Karte klauen? Ich hatte doch schon eine. Außerdem war Diebstahl illegal. Ich bin schließlich Pastor! Ich kann doch nicht einfach die Kreditkarte von anderen Leuten klauen. Aber was blieb mir anderes übrig? Ich bemerkte einen grobschlächtigen Kleiderschrank von einem Kerl, der neben mir seinen Lieferwagen betankte. Vielleicht wusste er etwas mehr. „Hey, wie geht das mit der Kreditkarte?"

„Da." Er deutet auf die Zapfsäule. „Genau vor Ihrer Nase."

Da wurde mir klar, dass *„Swipe card"* in diesem Fall „Magnetkarte durchziehen" bedeutete. Sie hatten das komplette System geändert. Also befolgte ich die Anweisungen. Ich zog die Karte durch den Schlitz. Es funktionierte nicht. Dem kleinen Kobold in der Zapfsäule zufolge hatte ich meine Karte falsch herum durchgezogen. Nun stand dort zu lesen: „Noch einmal durchziehen."

Ich tat es, aber ohne Erfolg.

„Schauen Sie auf das Bild", rief der Kleiderschrank mir zu. „Sie müssen den Magnetstreifen durchziehen." Und tatsächlich war auf dem Bild abgebildet, wie man die Karte durchziehen musste. Ich befolgte die Anweisungen erneut. Aber das genügte nicht. „PIN eingeben." PIN? Zum Glück hatte ich einen Pin im Auto, aber wo sollte ich ihn eingeben? Inzwischen war der andere Mann weggefahren und ich stand seufzend da.

Was für eine missliche Lage. Mein Tank war leer. Die Zapfsäule war voll. Aber ich war einfach nicht in der Lage, eine Verbindung zwischen Zapfsäule und meinem Tank herzustellen. Kennen Sie dieses Gefühl? Bestimmt. Nicht zwischen Auto und Zapfsäule, aber zwischen Herz und Gottes Kraft. Sie brauchen Sprit. So ein innerer Tank ist schnell leer: Der Chef verlangt Überstunden. Der Arzt will mehr Untersuchungen, der Partner mehr Aufmerksamkeit. Die Gemeinde braucht mehr Mitarbeiter. Alle wollen immer mehr. Schon bald geht Ihnen der Saft aus. Aber im Himmel gibt es mehr als genug Energie. Nur: Wie stellt man die Verbindung her? Wie kommt Gottes Sprit in Ihren Tank?

Ich habe folgenden Vorschlag: Füllen Sie Ihren Tank mit Gottes Verheißungen. Ein Bibelschüler hat einmal eineinhalb Jahre damit zugebracht, die Versprechen zu zählen, die Gott uns Menschen macht. Er kam schließlich auf 7487 Verheißungen![2] Gottes Verheißungen sind wie die Kiefern in den Rocky Mountains der Bibel: zahllos, unerschütterlich und beständig. Auf den nächsten Seiten werden wir einige dieser wunderbaren göttlichen Garantien entdecken. Mit einem Tank voller göttlicher Liebe kommen Sie weiter.

Es wird Sie freuen zu hören, dass ich es schließlich geschafft habe zu tanken. Und ich musste dazu noch nicht einmal etwas klauen.

Kapitel 10

Der Anker Ihrer Seele

Diese Zuversicht ist wie ein starker und vertrauenswürdiger Anker für unsere Seele.
Hebräer 6,19

Noch lange nachdem die Kinder gebadet haben und im Bett liegen, sitzt die alleinerziehende Mutter da und starrt auf die unbezahlten Rechnungen und ihre Kontoauszüge. Zu viel von Ersterem und nicht viel auf Letzterem. Sie hat schon alle ihre Freunde gefragt. Sie hat bereits jeden Gefallen eingefordert, den sie irgendwo guthatte. Der Tag hat einfach nicht genug Stunden, um noch mehr Geld zu verdienen. Sie starrt aus dem Fenster ihrer kleinen Wohnung und fragt sich, an wen sie sich noch wenden könnte.

Ein erschöpfter Mann steht am Bett seiner Liebsten, die auf der Intensivstation eines Krankenhauses liegt. Er kann sich gar nicht mehr daran erinnern, wann er das letzte Mal einen Tag ohne sie verbracht hat. Sie haben so jung geheiratet. Er beugt sich über sie und streicht ihr über das ergraute Haar. Keine Reaktion. Der Arzt hat ihm gesagt, er müsse sich verabschieden. Der Mann hat keine Hoffnung mehr.

Und was ist mit dem Geschäftsführer, der im obersten Stockwerk des Gebäudes hinter seinem großen Schreibtisch sitzt? Er hat einen festen Händedruck und eine selbstbewusste Art. Aber lassen Sie sich von seinem Auftreten nicht täuschen. Wenn Bonität ein Düsenjet wäre, dann würde seiner gerade abstürzen. Seine Bank hat um ein Gespräch gebeten. Sein Buchhalter will kündigen. Und die Hoffnung? Die sitzt im Zug nach Nirgendwo und wurde schon seit einer Woche nicht mehr gesehen.

Sie kennen das Gefühl. Wir alle kennen es. Selbst die Frohnaturen, bei denen das Glas immer halb voll ist. Manchmal fehlt uns einfach jede Hoffnung. Wohin wenden wir uns dann?

Ich schlage vor, dass Sie sich an diese große und wertvolle Verheißung wenden: „Diese Zuversicht ist wie ein starker und vertrauenswürdiger Anker für unsere Seele. Sie reicht hinter den Vorhang des Himmels bis in das Innerste des Heiligtums Gottes. Dorthin ist Jesus uns bereits vorausgegangen" (Hebräer 6,19–20).

Schauen Sie nur einmal auf die Schlüsselwörter im ersten Satz: *Anker* und *Seele*.

Ich muss Ihnen nicht erklären, was ein Anker ist. Sie haben bestimmt schon mal so ein Ding mit spitzen Enden aus Stahl gesehen. Vielleicht haben Sie schon mal einen ausgeworfen und den Ruck gespürt, als er am Grund irgendwo Halt gefunden hat. Ein Anker hat nur einen Zweck: das Boot festzuhalten. Um stürmischem Wetter standzuhalten, brauchen Sie einen guten Anker. Sie brauchen so einen wie den, den Popeye sich auf seinen Unterarm tätowiert hat – dick und mit zwei Spitzen. Sie brauchen einen Anker, der sich zuverlässig bei etwas einhakt, das stärker ist als der Sturm. Sie brauchen einen guten Anker.

Warum? Weil Ihr „Boot" wertvoll ist: Ihre Seele. Als Gott Adam den Lebensatem einhauchte, war das mehr als nur Sauerstoff; er gab ihm damit ein ewiges Wesen. Er gab ihm eine Seele.

Ihre Seele ist der Grund dafür, warum Sie sich fragen, wozu Sie hier auf diesem Planeten sind. Oder wohin Sie einmal gehen, wenn Sie sterben. Ihre Seele ist der Grund dafür, warum es Sie interessiert, ob etwas richtig oder falsch ist. Der Grund dafür, dass Sie dem Leben anderer eine gewisse Würde beimessen, eine belegte Stimme bekommen, wenn vor einem Länderspiel die Nationalhymne gesungen wird, oder feuchte Augen beim Anblick Ihres Kindes.

Ihre Seele macht Sie eins mit Gott. Und Ihre Seele braucht einen Anker. Ihre Seele ist empfindsam. Sie spürt den Schmerz des Todes und kennt die Fragen, die man sich stellt, wenn man krank ist. Ihre Leber mag vielleicht an einem Tumor leiden, aber Ihre Seele leidet an den Fragen, die damit einhergehen. Deshalb braucht Ihre Seele einen Anker, einen Ankerpunkt, der den Stürmen des Lebens standhält.

Dieser Anker hängt aber nicht an einem Boot oder einer Person oder Ihrem Besitz fest. Dieser Anker „reicht hinter den Vorhang des Himmels bis in das Innerste des Heiligtums Gottes". Mit anderen Worten: Die Kette unseres Ankers reicht bis in Gottes Thronsaal hinein. Malen Sie sich doch einmal aus, wie dieser Anker an Gottes Thron festgemacht ist. Er wird sich niemals losreißen. Die Ankerkette wird nie reißen. Der Anker hängt fest und die Kette ist stark. Warum? Weil er außerhalb der Reichweite von Satan und unter dem fürsorglichen Blick von Jesus festgemacht ist. Und da niemand Ihnen Jesus Christus nehmen kann, kann Ihnen auch niemand Ihre Hoffnung nehmen.

Bestimmen Kritiker, wer Sie sind? Nein, denn Gott hat gesagt: „Wir wollen Menschen schaffen nach unserem Bild, die uns ähnlich sind" (1. Mose 1,26). Das schließt Sie mit ein.

Können Herausforderungen Ihnen auf Dauer die Kraft rauben? Nein, denn „als seine Kinder sind wir auch Miterben an seinem Reichtum – denn alles, was Gott seinem Sohn

Christus gibt, gehört auch uns" (Römer 8,17). Sie haben Zugang zum Familienvermögen.

Sind Sie ein Opfer Ihrer Umstände? Nicht im Geringsten, denn: „Das Gebet eines gerechten Menschen hat große Macht und kann viel bewirken" (Jakobus 5,16).

Hat Gott einen Platz für diejenigen, die am Rand unserer Gesellschaft stehen? Darauf können Sie wetten. „Gott stellt sich den Stolzen entgegen, den Demütigen aber schenkt er Gnade" (1. Petrus 5,5).

Kann irgendjemand verstehen, wie es sich anfühlt, Ihr Leben zu leben? Ja, Jesus. „Dieser Hohe Priester versteht unsere Schwächen" (Hebräer 4,15).

Haben Sie das Gefühl, mit Ihren Problemen ganz allein dazustehen? Das tun Sie nicht. Jesus „sitzt auf dem Ehrenplatz zur rechten Seite Gottes und tritt für uns ein" (Römer 8,34).

Wird Gott Ihnen Ihr Versagen jemals vergeben? Das hat er schon getan. „Wer nun mit Jesus Christus verbunden ist, wird von Gott nicht mehr verurteilt" (Römer 8,1; Hfa).

Ist der Tod das Ende Ihrer Geschichte? Ganz im Gegenteil. „Der Tod ist auf der ganzen Linie besiegt!" (1. Korinther 15,54; NGÜ).

Werden Sie Ihre Traurigkeit jemals überwinden? Manchmal fühlt es sich so an, als würde sie nie aufhören. Aber Gott versichert uns: „Die Nacht ist noch voll Weinen, doch mit dem Morgen kommt die Freude" (Psalm 30,6).

Werden Sie für den Rest Ihres Lebens genug Weisheit und Kraft haben? Nein, Sie nicht, doch der Heilige Geist schon. „Aber wenn der Heilige Geist über euch gekommen ist, werdet ihr seine Kraft empfangen" (Apostelgeschichte 1,8).

Das Leben ist nicht fair! Aber eines Tages wird es das sein, denn „er hat einen Tag festgesetzt, an dem er die Welt gerecht richten wird" (Apostelgeschichte 17,31).

Tod, Versagen, Verrat, Krankheit, Enttäuschungen – das alles kann uns auf Dauer unsere Hoffnung nicht rauben, weil diese Dinge uns Jesus nicht nehmen können. Vielleicht glauben Sie das, fragen sich aber weiterhin: „Gibt es noch Hoffnung?", wenn schwere Zeiten über Sie hereinbrechen.

Fragen Sie sich das auch? Sind Sie diese alleinerziehende Mutter, die kein Geld mehr hat? Oder der erschöpfte Mann auf der Intensivstation? Oder der Geschäftsmann, dem die Antworten ausgehen? Stellen Sie sich gerade die Frage, ob es noch Hoffnung gibt?

Jonathan McCombs hat sie sich gestellt.

Die McCombs waren eine typisch amerikanische Vorzeigefamilie. Sie hatten zwei wunderbare Kinder und führten eine tolle Ehe. Jonathan arbeitete auf Farmen und Laura verkaufte Pharmaprodukte. Sie waren gläubig, fröhlich, geschäftig und hatten keine Sorgen. Dann kam der Sturm. Der Wetterbericht hatte Regen angekündigt. Aber eine Jahrhundertflut? Niemand hatte das erwartet. Der Blanco River stieg innerhalb von nur neunzig Minuten um achteinhalb Meter und schoss regelrecht durch das Hügelland im Süden von Texas. Er riss Häuser, Autos und Brücken mit sich. Jonathan suchte mit seiner Familie Zuflucht im ersten Stock des Wochenendhäuschens, in dem sie sich gerade aufhielten. Aber das Haus bot ihnen nicht wirklich Zuflucht. Es wurde von den Wassermassen mitgerissen und die Familie klammerte sich im reißenden Strom an eine Matratze.

Jonathan war der Einzige, der überlebte.

Als Denalyn und ich ihn im Krankenhaus besuchten,

konnte er sich vor Schmerzen kaum bewegen. Aber die gebrochene Hüfte und die kaputten Rippen waren nichts im Vergleich zu seinem gebrochenen Herzen. Jonathan versuchte zu sprechen. Aber die Tränen machten ihm dies unmöglich.

Zwei Wochen später hatte er die Kraft, auf der Beerdigung seiner Frau und der beiden Kinder eine Rede zu halten. Es war, als würden alle Einwohner von Corpus Christi an dieser Trauerfeier teilnehmen. In der Kirche gab es keinen einzigen freien Platz mehr und kein Auge blieb trocken. Über eine halbe Stunde lang beschrieb Jonathan seine Frau und die Kinder. Er erzählte von ihrem Lachen und der Freude und davon, wie leer das Haus jetzt war.

Dann sagte er:

„Die Leute fragen mich, wie es mir geht und wie ich in einer solchen Zeit so stark und positiv eingestellt sein kann. Ich habe ihnen gesagt, dass ich bei meiner Familie, meinen Freunden und vor allem in meinem Glauben Halt finde. ... Laura hat jeden Sonntag nach dem Gottesdienst gefragt: ‚Was können wir tun, damit noch mehr Menschen in die Kirche zu kommen und die gute Nachricht hören, dass Gott sie retten will?' Nun, Laura, ob du es glaubst oder nicht, sie sind hier.

Es gibt auch einen Bibelvers, den ich schon seit Jahren liebe und der mir sehr geholfen hat. ‚Vertraue von ganzem Herzen auf den Herrn und verlass dich nicht auf deinen Verstand' (Sprüche 3,5). Ich kann nicht erklären, warum sich so eine Tragödie wie diese Überschwemmung ereignet hat und Menschen ihr Leben verloren haben, aber ich weiß, dass Gott uns nichts zumutet, das wir mit seiner Hilfe nicht auch ertragen können. Ich weiß, dass wir nur für kurze Zeit auf der Erde sind, aber glauben Sie mir, wenn ich mir jeden Knochen im Leib brechen lassen müsste, damit ich sie zurückbekomme, würde ich mich darauf einlassen. Aber es liegt nicht in unserer Hand. … Ja, ich weiß, dass das hier eine schreckliche Tragödie ist, und ich war wütend, aufgebracht, verwirrt und habe mich gefragt, warum es passieren musste. Ich habe so viele Tränen vergossen, dass man den Fluss hundertmal damit füllen könnte. Aber ich weiß auch, dass ich nicht immer wütend oder aufgebracht oder verwirrt bleiben werde oder mich nicht ständig fragen darf, warum. Wenn meine Zeit gekommen ist und ich sie im Himmel wiedersehe, dann werde ich auch meine Antwort erhalten. Und Sie können mir glauben, dass ich Gott das als Allererstes fragen werde."

Mir ist aufgefallen, wie oft Jonathan „ich weiß" gesagt hat.

- *„… ich weiß, dass Gott uns nichts zumutet, das wir mit seiner Hilfe nicht auch ertragen können."*
- *„Ich weiß, dass wir nur für kurze Zeit auf der Erde sind …"*
- *„… ich weiß, dass das hier eine schreckliche Tragödie ist …"*
- *„… ich weiß auch, … wenn meine Zeit gekommen ist … werde ich … meine Antwort erhalten."*

Jonathan war weder leichtgläubig noch leugnete er die Tatsachen. Er reagierte nicht mit einem oberflächlichen Glauben. Er wusste, dass das Ganze eine schreckliche Tragödie war. Aber mitten im Sturm fand er Hoffnung, unerschütterliche Hoffnung. Er fand keine vorschnellen Antworten, sondern *die* Antwort. Er traf die bewusste Entscheidung, sein Leben darauf zu bauen, dass Gott versprochen hat, Dinge wiederherzustellen und zu erneuern.

Jesus machte seinen Nachfolgern deutlich, „wie wichtig es ist, beständig zu beten und nicht aufzugeben" (Lukas 18,1).

Nicht aufgeben? Nie mutlos werden? Sich nie überwältigt fühlen? Sich niemals von der Verzweiflung runterziehen lassen? Können Sie sich das vorstellen? Nicht einen Tag an die Angst verschwenden? Nicht aus Furcht irgendwelche vorschnellen Entscheidungen treffen? Genau das wünscht sich Gott für Sie und mich. Er will, „dass ihr überströmt in der Hoffnung durch die Kraft des Heiligen Geistes!" (Römer 15,13; Schlachter).

Überströmen. Was für ein außergewöhnliches Verb im Zusammenhang mit Hoffnung.

In der vergangenen Woche gab es etwa eine halbe Stunde lang einen heftigen Wolkenbruch. Es war so schlimm, dass ich sogar rechts ranfahren musste. Die Scheibenwischer hatten keine Chance gegen die Wassermassen. Selbst auf der Schnellstraße herrschte Land unter. Es regnete *in Strömen*. Und Gott wird dafür sorgen, dass Ihre Welt mit Hoffnung überströmt.

Ich habe einmal einen Tag im Yosemite-Nationalpark verbracht. Ich war genauso wenig in der Lage, die Bäume zu zählen, wie ich in der Lage wäre, die Sterne zu zählen. Große Bäume, kleine Bäume. Links und rechts. Hinter mir und vor mir. Yosemite strömt über vor Bäumen. Und Gott will Ihre Welt in einen Wald der Hoffnung verwandeln.

Ich kann mich noch daran erinnern, dass ich als Kind einmal durch ein Baumwollfeld in der Nähe des Hauses meiner Großeltern gegangen bin. Die Felder *strömten über* vor Baumwolle. Baumwolle, so weit das Auge reichte. Im Norden, Süden, Osten, Westen: Überall gab es flauschige, weiße Bällchen. Und Gott wird auch Ihnen eine reiche Hoffnungsernte schenken.

Können Sie überströmende Hoffnung gebrauchen? Keine gelegentliche Hoffnung oder sporadische Hoffnung oder wetterwendische Hoffnung, sondern überströmende Hoffnung?

Sie müssen nur darum bitten. „Pack die Hoffnung mit beiden Händen und lass sie nie wieder los. Sie ist eine reißfeste geistliche Rettungsleine, die an allem Äußeren vorbei direkt bis in die Gegenwart Gottes reicht, wo Jesus, der uns vorangegangen ist, seinen dauerhaften Platz als Hohepriester für uns eingenommen hat" (Hebräer 6,18–20; *The Message*).

Stellen Sie sich einmal die folgende wichtige Frage: Ist das, woran ich verankert bin, stärker als das, was ich durchmache?

Jeder ist irgendwo verankert: an eine Rentenversicherung oder einen Lebenslauf. Manche binden sich an einen Menschen, andere an eine Position. Aber das sind alles oberflächliche Dinge. Würden Sie Ihr Boot an einem anderen Boot festmachen? Bloß nicht! Man will etwas, das tiefer geht und stabiler ist als nur ein anderes treibendes Boot. Aber machen Sie nicht genau das, wenn Sie Ihren Lebensanker an den Dingen festmachen, die diese Welt zu bieten hat? Kann eine Rentenversicherung eine Wirtschaftskrise überstehen? Oder gute Gesundheit eine unerwartete Krankheit? Dafür gibt es keine Garantie.

Waschechte Seeleute würden Sie drängen, Ihr Boot an etwas festzumachen, das stabil und fest ist. Vertrauen Sie nicht auf die Boje auf dem Wasser, vertrauen Sie nicht den Seglern im anderen Boot und vertrauen Sie auch nicht dem anderen Boot. Vertrauen Sie nicht einmal Ihrem eigenen Boot. Wenn irgendwann einmal ein Sturm tost, dann vertrauen Sie nur Gott. Denn wie der Apostel Paulus triumphierend verkündete: „... unsere Hoffnung ist der lebendige Gott" (1. Timotheus 4,10).

Menschen, die neu anfangen, treffen täglich Entscheidungen, die ihnen dabei helfen, ihren Lebensanker an Gottes Verheißungen festzumachen. Ich möchte Sie einladen, beim Verfassen Ihres „Lebensbuches" eine Liste mit Verheißungen anzulegen. Das beste Buch über Verheißungen ist nämlich dasjenige, das man mit Gott zusammen schreibt. Durchforsten Sie die Bibel immer wieder nach Zusagen, mit denen Sie Ihren Problemen etwas entgegensetzen können. Halten Sie sie so fest, als seien es kostbare Perlen. Verstecken Sie sie in Ihrem Herzen, damit sie noch in ferner Zukunft Gewinn bringen. Wenn der Feind dann mit seinen Lügen versucht, bei Ihnen Zweifel und Angst zu schüren, können Sie die Bibelverse hervorholen. Das wird Satan einen Riegel vorschieben. Auf die Wahrheit weiß er nämlich nichts zu erwidern.

Sie funktionieren. Gottes Verheißungen funktionieren wirklich. Sie können Sie durch schreckliche Tragödien begleiten. Sie können Ihnen in Ihren alltäglichen Schwierigkeiten Auftrieb geben. Sie sind wirklich das Größte und Wertvollste überhaupt.

Russel Kelso Carter hat dies am eigenen Leib erfahren. Er war ein begnadeter Sportler und Student. Als er 15 war – es war das Jahr 1864 –, vertraute er während eines Gebetstreffens sein Leben Jesus an. 1869 wurde er Ausbilder an der Militärakademie von Pennsylvania. Er führte ein abwechslungsreiches und erfolgreiches Leben und war zwischenzeitlich Pastor, Arzt und Liederdichter. Aber es war sein Verständnis von Gottes Verheißungen, das sein Leben auch heutzutage für uns noch relevant macht.

Im Alter von dreißig Jahren hatte Carter schwere Herzprobleme und war dem Tode nah. „Connie Ruth Christiansen schreibt: ‚Er kniete nieder und versprach, dass er sein Leben ganz und für immer in den Dienst Gottes stellen würde, gleichgültig, ob er geheilt würde oder nicht.' Christiansen erzählt weiter, dass die Bibel von diesem Augenblick an für Carter zu ganz neuem Leben erwachte und dass er anfing, sich auf die Verheißungen zu stützen, die er darin fand. Er verpflichtete sich, daran zu glauben, gleich, ob Gott ihn heilte oder nicht.… Carter lebte – mit einem gesunden Herzen – noch 49 Jahre."[1] Seine Entscheidung, Gott auch in allen Schwierigkeiten zu vertrauen, war die Geburtsstunde eines Liedes, das noch heute gesungen wird.

Trauend dem Verheißungsworte meines Herrn,
preis ich Seine ew'ge Gnade froh und gern
und will Seinen Ruhm verkünden nah und fern,
trauend dem Verheißungsworte meines Herrn.

Trauend, trauend,
trauend dem Verheißungsworte meines Heilands;
trauend, trauend,
vertrauend dem Verheißungswort des Herrn!

Die zweite Strophe ist meine Lieblingsstrophe:

Trauend dem Verheißungswort, das nie versagt,
wenn die Nacht der Zweifel meine Seele plagt –
der wird nie verlassen, der mit Gott es wagt,
trauend dem Verheißungswort des Herrn.[2]

Machen Sie es genauso.

Bauen Sie Ihr Leben auf Gottes Zusagen auf. Da seine Verheißungen unverwüstlich sind, wird auch Ihre Hoffnung unerschütterlich sein. Ja, der Sturm wird trotzdem toben. Die Regengüsse werden dennoch auf Sie herniederprasseln. Aber am Ende werden Sie einen festen Halt haben – Gottes Verheißungen.

Kapitel 11

Glaube ist eine Entscheidung

Gott steht treu zu seinen Zusagen.
Hebräer 10,23

Ich saß bequem in meinem Sitz im Flieger, als ein Passagier den Gang entlangkam und meinen Namen rief. Es war ein hochgewachsener Mann mit lichtem Haarwuchs, der wohl um die fünfzig war und auf Geschäftsreise zu sein schien. Er stellte sich mir kurz vor; wegen des Durcheinanders beim Boarding konnten wir uns nicht weiter unterhalten. Aber Folgendes konnte ich seinen Worten entnehmen: Er hatte vor einigen Jahren einen Vortrag von mir gehört, meine Bücher hatten ihm gefallen und er würde sich gern einmal mit mir unterhalten.

Ich erwiderte seinen Gruß und machte es mir für den Flug gemütlich. Etwa eine Stunde später spürte ich, wie jemand mir auf die Schulter tippte. Ich drehte mich um. Es war der Mann, der mich eingangs begrüßt hatte. Er hatte etwas auf eine Papierserviette gekritzelt und gab sie mir.

Max,

vor sechs Jahren haben meine Frau Lynne und ich unsere 24-jährige Tochter beerdigt. Sie war nach einem Badeunfall verstorben, nachdem sie noch zwei Wochen lang künstlich beatmet worden war. Das Unglück war völlig unerwartet über uns hereingebrochen. Denn wie kann man zu viert in den Sommerurlaub fahren und dann nur noch zu dritt zurückkommen?

Noch während unsere Tochter im Koma lag, erhielten wir bereits die Unterstützung von Freunden, von denen manche ebenfalls bereits ein Kind verloren hatten. Ein Rechtsanwalt war mit der Mut machenden Aussage „Gott will euer Bestes, er will euch nicht schaden" eine dieser ermutigenden Stimmen. Lynne und ich bekamen auch einige Ihrer Bücher geschenkt ...

Wir baten Gott um ein Wunder. Ich wollte, dass sie wieder gesund würde, wieder lächelte und strahlte. Die lebenserhaltenden Maßnahmen bei unserer Tochter einzustellen, war sehr, sehr schwer. Obwohl es eine schmerzhafte Entscheidung war, waren wir uns sicher, dass es richtig war, sie in die Hände eines allmächtigen Gottes zu legen. Er wusste um unseren Schmerz.

Das Beste, was Gott für uns tat, war vielleicht nicht, uns Erin zurückzugeben, sondern Lynne und mir zu helfen, sie ihm zu überlassen. Er tat für unsere Tochter etwas noch Besseres, als sie wieder zum Leben zu erwecken: Er hat sie zum ewigen Leben in seiner Gegenwart erweckt. Das ist das Beste, was er tun konnte!

Das war kein oberflächlicher Trost, es war unsere tiefste Überzeugung: „Überlasst mir Erin. Sie ist jetzt bei mir."

Durch andere Christen, die uns eine Ahnung von Gottes Wesen vermittelten, war er gleichzeitig in unserem Leben gegenwärtig. Unser Glaube trägt uns durch das alles hindurch.

Glaube ist eine Entscheidung.[1]

Ich las das Zeugnis auf der Serviette mehrmals. Ich wollte wissen, wie so etwas möglich ist. Wie konnte ein Vater seine Tochter beerdigen und doch glauben, aus tiefstem Herzen glauben, dass Gott ihm nicht schaden, sondern sein Bestes wollte? Dass er die Tochter des Mannes in seine liebenden Arme geschlossen hatte? Dass Gott sein größtes Werk im Leben von Menschen tat, deren Herzen gebrochen waren? Auf der Serviette hätte auch etwas ganz anderes stehen können. Es hätte eine Botschaft voller Wut und Verbitterung sein können, voller Enttäuschung und Verzweiflung, voller Verletztheit, ja sogar voller Hass gegen Gott. Warum war diese Botschaft so anders?

Ganz einfach: Der trauernde Vater vertraute Gottes Verheißungen: „Glaube ist eine Entscheidung" war sein letzter Satz.

So ist es.

Unser Gott ist ein Gott, der seine Versprechen hält. Andere geben vielleicht ein Versprechen und vergessen es wieder. Aber wenn Gott etwas verspricht, hält er es auch, „denn Gott steht treu zu seinen Zusagen" (Hebräer 10,23).

Ist das wichtig? Hat Gottes Zuverlässigkeit und Vertrauenswürdigkeit wirklich irgendwelche konkreten Auswirkungen auf Ihr Leben? Spielt seine Treue eine Rolle? Wenn Ihre Tochter künstlich beatmet wird, dann schon. Wenn Sie auf der Intensivstation unruhig auf und ab gehen, dann schon.

Wenn Sie sich fragen, was Sie angesichts des schlimmsten Albtraums aller Eltern tun sollen, müssen Sie sich entscheiden: Glaube oder Angst? Gottes Wille oder blinder Zufall? Ein Gott, der alles weiß und für uns sorgt, oder ein Gott, der gar nicht da ist? Wir alle treffen an diesem Punkt eine Entscheidung.

Menschen, die neu anfangen, entscheiden sich dafür, Gottes Verheißungen zu glauben. Sie entscheiden sich, darauf zu vertrauen, dass Gott etwas Gutes im Sinn hat, auch wenn alles, was sie sehen, schlecht ist. Sie singen:

Sein Eid, sein Bund, sein Blut
halten mich fest in der Flut.[2]

Nichts hat unsere Aufmerksamkeit so verdient wie die Bündnisse, die Gott mit uns Menschen schließt. Keine anderen Worte werden Ihrem Leben je so viel Halt geben wie die Verheißungen Gottes. Kennen Sie sie?

Für die Trauernden: „Die Nacht ist noch voll Weinen, doch mit dem Morgen kommt die Freude" (Psalm 30,6).

Für die Notleidenden: „Wer auf den Herrn vertraut, erleidet zwar vieles, doch der Herr errettet ihn aus aller Not" (Psalm 34,20).

Für die Kranken: „Der Herr stärkt ihn, wenn er krank ist, und hilft ihm wieder auf" (Psalm 41,4).

Für die Einsamen: „Wenn du durch Wasser gehst, werde ich bei dir sein" (Jesaja 43,2).

Für die Sterbenden: „Es gibt viele Wohnungen im Haus meines Vaters, und ich gehe voraus, um euch einen Platz vorzubereiten" (Johannes 14,2).

Für die, die versagt haben: „Meine Gnade ist alles, was du brauchst" (2. Korinther 12,9).

Bei diesen Verheißungen wird deutlich, dass Gott nur Ihr Bestes im Sinn hat. „Und durch dieselbe mächtige Kraft hat er uns seine kostbaren und größten Zusagen geschenkt. Er hat versprochen, dass ihr Anteil an seiner göttlichen Natur bekommt, denn ihr seid dem Verderben dieser verführerischen Welt entflohen" (2. Petrus 1,4).

Halten Sie sich an Gottes Verheißungen fest. Wenn Angst Sie überfällt, dann reagieren Sie darauf doch einmal mit dem Gedanken: „Aber Gott hat gesagt ..." Wenn Ihnen Zweifel kommen: „Aber Gott hat gesagt ..." Wenn Schuldgefühle an Ihnen nagen: „Aber Gott hat gesagt ..."

Sprechen Sie diese Worte vertrauensvoll aus: „Du hast mich gerettet, Herr, du treuer Gott" (Psalm 31,6). Beschäftigen Sie sich immer wieder mit Gottes Verheißungen. Durchforsten Sie die Bibel wie ein Goldsucher, der nach Gold schürft. Und wenn Sie einen kleinen Goldklumpen gefunden haben, halten Sie ihn gut fest. Vertrauen Sie darauf. Bringen Sie ihn zur Bank.

Tun Sie damit das Gleiche, was ich mit dem Versprechen eines Piloten getan habe.

Kurz nachdem ich jenen Mann im Flugzeug getroffen hatte, der mir sein Zeugnis auf einer Papierserviette gab, war ich wieder einmal mit dem Flieger unterwegs. Diesmal war ich nicht mit den bewegenden Worten eines Menschen konfrontiert, sondern mit schlechtem Wetter. Der Flug nach Houston hatte wegen eines Unwetters Verspätung. Wir landeten genau zu dem Zeitpunkt, als der Anschlussflug nach San Antonio starten sollte. Als wir im Flieger Richtung Ausstieg drängten, sah ich auf die Uhr, überlegte, ob ich im Hotel übernachten sollte, und stellte mich darauf ein, Denalyn anzurufen, um ihr von meinem schlechten Tag zu erzählen und über die Verspätung zu meckern.

Dann erklang über Lautsprecher ein Versprechen: „Hier spricht Ihr Kapitän. Ich weiß, dass viele von Ihnen Anschlussflüge erreichen müssen. Sie können beruhigt sein, Sie werden alle Anschlüsse erreichen. Ihre Flugzeuge warten auf Sie. Sie bekommen Ihre Plätze."

Na gut, dachte ich, *er würde das nicht sagen, wenn es nicht stimmt*. Also beschloss ich, seinem Versprechen zu vertrauen.

Ich rief Denalyn nicht an.

Ich machte mir nicht weiter Gedanken über Hotels.

Ich sah nicht mehr auf die Uhr.

Ich beruhigte mich. Ich wartete geduldig darauf, aussteigen zu können und zu meinem Gate zu gehen. Voller Vertrauen marschierte ich die Gänge entlang. Hatte der Pilot es nicht versprochen?

Andere Reisende hatten nicht so viel Glück. Sie waren ebenfalls Opfer des schlechten Wetters und wurden panisch. Bleiche, besorgt dreinschauende Reisende stolperten durcheinander. Ihre Mienen verrieten ihre Angst.

Schade, dass ihr Pilot nichts zu ihnen gesagt hatte. Oder vielleicht hatte er das, aber sie hörten nicht auf ihn.

Ihr göttlicher Pilot hat auch zu Ihnen gesprochen. Hören Sie auf ihn. Ich meine damit, hören Sie *wirklich* auf ihn. Baden Sie in seinen Verheißungen wie an einem warmen Sommertag in der Sonne. Wenn alle um Sie herum in Panik ausbrechen, dann entscheiden Sie sich für den Weg des inneren Friedens. In einer Welt voller leerer Worte und gebrochener Versprechen: Tun Sie sich selbst etwas Gutes und halten Sie an Gottes Verheißungen fest.

Mein Freund Wes hat genau das getan. Sie können lange suchen, bis Sie einen besseren Menschen finden als Wes Bishop. Er hatte ständig ein Lächeln auf den Lippen, einen warmen Händedruck und eine echte Schwäche für Eis. Über 35 Jahre arbeitete er im selben Unternehmen, war mit derselben Frau verheiratet, ging in dieselbe Gemeinde und wohnte im selben Haus. Er war eine Säule der kleinen Gemeinschaft im texanischen Sweetwater. Er zog drei Enkel groß, von denen einer meine Tochter Jenna heiratete. Wes hatte keinen Tag an seiner Arbeitsstelle gefehlt – bis vor einigen Monaten bei ihm ein Hirntumor diagnostiziert wurde.

Wir baten Gott, den Tumor zu heilen. Eine Zeit lang schien es auch, als hätte Gott das getan. Aber dann kehrten die Symptome zurück, stärker als zuvor. Innerhalb weniger Wochen war Wes bettlägerig und musste zu Hause gepflegt werden.

Seine Söhne hielten abwechselnd Nachtwache bei ihm, damit ihre Mutter sich ausruhen konnte. Sie stellten ein Babyphone an sein Bett. Er hatte zwar seit Tagen kaum ein Wort gesprochen, aber sie wollten hören, wenn er nach ihnen rief.

Eines Nachts rief er – aber nicht um Hilfe, sondern nach Jesus. Etwa um ein Uhr nachts vernahm der jüngste Sohn die kräftige Stimme seines Vaters übers Babyphone. „Jesus, ich danke dir für mein Leben. Du hast es gut mit mir gemeint. Und ich will dir nur sagen, wenn du bereit bist, mich zu dir zu holen, bin ich auch bereit zu gehen." Das sollten Wes' letzte Worte sein. Zwei Tage später nahm Jesus ihn zu sich in den Himmel, wo er ein neues Leben anfangen konnte, das ewig währt.

So einen Glauben will ich auch. Einen Glauben, der sich in der dunkelsten Stunde an Gott wendet, der Gott lobt, selbst wenn der Körper schwach ist. Einen Glauben, der auf Gottes Verheißungen vertraut. Einen Glauben, der in einem Flugzeug auf eine Papierserviette schreibt: „Glaube ist eine Entscheidung, und ich entscheide mich dafür zu glauben."

Was ist mit Ihnen?

Kapitel 12

Ihr Vater kämpft für Sie

Uns aber hilft der Herr, unser Gott;
er kämpft für uns!
2. Chronik 32,8

Nadin Khoury war dreizehn Jahre alt, 1,58 Meter groß und wog mit Kleidern und Schuhen vielleicht gerade mal 45 Kilo.

Seine Angreifer waren Teenager, größer als Nadin, und sie waren ihm zahlenmäßig sieben zu eins überlegen.

Eine halbe Stunde lang schlugen und traten sie auf ihn ein.

Er hatte nicht die geringste Chance.

Nadins Mutter war kurz zuvor mit der Familie von Minnesota nach Philadelphia gezogen. Sie hatte ihre Stelle als Zimmermädchen verloren und war auf Arbeitssuche. 2000 war sie aus dem kriegsgebeutelten Liberia geflohen. Nadin Khoury war damals der Neue in einem recht schwierigen Viertel und seine Mutter eine arbeitslose Asylantin – „gute" Gründe, mit denen eine Horde Schläger einen Überfall rechtfertigte.

Die Schikanen hatten schon einige Wochen zuvor angefangen. Sie verspotteten ihn. Sie beschimpften seine Mutter. Sie schubsten ihn ständig und lauerten ihm mit schöner Regelmäßigkeit auf. Und dann, an einem Tag im Januar, kam dieser brutale Überfall. Sie schleiften ihn durch den Schnee, steckten ihn in einen toten, ausgehölten Baum und hängten ihn an einem gut zwei Meter hohen gusseisernen Zaun auf.

Nadin überlebte den Überfall und wäre wahrscheinlich weiteren Angriffen ausgesetzt gewesen, wenn nicht einer der Schläger so dumm gewesen wäre, das Ganze zu filmen und auf YouTube zu stellen. Ein Passant beobachtete die Gewalttat, griff ein und verjagte die Schläger. Polizisten waren ebenfalls zur Stelle und wurden aktiv. Die Angreifer kamen ins Gefängnis und die Geschichte in die Zeitungen.

Ein Mitarbeiter des Frühstücksmagazins *The View* las den Zeitungsbericht und lud Nadin in die Sendung ein. Als das Video des Angriffs auf der Leinwand gezeigt wurde, versuchte Nadin, tapfer zu sein, aber seine Lippen bebten. „Nächstes Mal könnte es vielleicht jemanden erwischen, der kleiner ist als ich", sagte er.

Was er nicht wusste, war, dass die Verantwortlichen noch andere Einwohner von Philadelphia in die Sendung eingeladen hatten. Als das YouTube-Video zu Ende war, öffnete sich der Vorhang und drei riesige Männer kamen herein – Spieler der örtlichen Footballmannschaft, der *Philadelphia Eagles*.

Nadin, der ein riesiger Fan des Teams war, drehte sich um und lächelte. Einer von ihnen war der Profi DeSean Jackson. Jackson setzte sich so dicht wie möglich neben den Jungen aufs Sofa und versprach ihm: „Wenn du uns brauchst, stehe ich dir jederzeit mit zweien meiner Männer zur Verfügung." Nadin bekam riesengroße Augen, als Jackson ein Trikot signierte und es ihm aushändigte. Und dann gab er dem Jungen vor den Augen aller potenziellen Schläger seine Handynummer.[1]

Von jenem Tag an waren Nadins Leibwächter nur noch einen Anruf weit entfernt. Und Schläger überlegen es sich gut, ob sie einen Jungen angreifen, der die Nummer eines Profifootballspielers im Kurzwahlspeicher seines Handys hat.

Das war ein ziemlich gutes Angebot. Wer wünscht sich nicht so einen Beschützer?

Gott gibt Ihnen das gleiche Versprechen. Der Verfasser des Hebräerbriefes zitiert die Worte sogar in seinem Brief: „Lasst nicht die Geldgier euer Leben bestimmen. Gebt euch zufrieden mit dem, was ihr habt. Denn Gott selbst hat versprochen: ‚Ich werde dich nie vergessen und dich niemals im Stich lassen.' Das gibt uns Mut, und wir können voll Zuversicht sagen: ‚Der Herr ist mein Helfer, deshalb fürchte ich mich nicht. Was kann ein Mensch mir anhaben?'" (Hebräer 13,5–6; NGÜ).

Diese letzte Frage ist irgendwie beunruhigend. „Was kann ein Mensch mir anhaben?" Sie kennen die Antwort darauf: mich anlügen, mich hinters Licht führen, mir wehtun, mich tyrannisieren, mich mobben.

Aber die Bibel stellt die Frage anders: Wenn Gott Ihr Helfer ist, was können Ihnen Menschen dann anhaben?

Das griechische Wort, das hier im Original für *Helfer* verwendet wird, ist *boēthós*, von *boē* – rufen – und *théō* – laufen, rennen.[2] Wenn Sie Hilfe brauchen, ruft Gott: „Ich komme!" und rennt zu Ihnen. Er wird Sie niemals verlassen! Er macht nie Pause, Mittagsschlaf oder Urlaub. Er weicht nie von Ihrer Seite.

Auf dem Arbeitsmarkt sieht es schlecht aus? Stimmt, aber Gott ist Ihr Helfer. Ihre Blutwerte sind schlecht? Das ist nicht gut, aber Ihr Schöpfer ist bei Ihnen. Auf der Welt gibt es viele Konflikte? Allerdings. Aber der allmächtige Gott wird Sie niemals verlassen oder im Stich lassen.

Dieses Wissen verändert alles! Da Gott stark ist, sind auch Sie stark. Da er dem Problem abhelfen kann, werden Sie es auch können. Da seine Macht grenzenlos ist, sind auch Ihnen keine Grenzen gesetzt. Sie können mit dem Apostel zuversichtlich sagen: „Der Herr steht zu mir, deshalb fürchte ich mich nicht. Was können mir Menschen anhaben?“ (Vers 6).

Aber das ist noch nicht alles. Die großartigste und beste Nachricht ist, dass Gott nicht nur immer *bei Ihnen* ist, sondern auch noch *für Sie* kämpft.

Gott will nicht nur, dass Sie eine Chance auf einen Neuanfang haben, sondern er kämpft auch noch für Sie, damit das überhaupt möglich ist, und beschützt Sie auf dem Weg dorthin.

Ängste, Krankheiten, Leid, Enttäuschungen und Verletzungen überfallen Sie wie eine Horde Verbrecher. Aber anstatt davonzulaufen, können Sie ihnen ins Auge schauen. Sie ziehen Gottes Verheißungen wie ein Schwert aus der Scheide und bieten Gottes Feinden die Stirn. Sie sind ein Grizzlybär und Ihre Feinde wie Ratten. „Raus hier, Scham! Verschwindet, ihr Schuldgefühle! Angst vor dem Sterben, Reue, greift doch jemand anderen an.“

So sieht ein Neuanfang aus. Sie wurden nicht dazu erschaffen, vor Angst zu zittern. Sie wurden nicht dazu erschaffen, ewig von Ihrer Vergangenheit verfolgt zu werden. Sie wurden nicht dazu erschaffen, als Feigling durchs Leben zu hinken. Sie sind ein lebendiges Abbild Gottes. Und noch besser: Er kämpft für Sie.

Ist dieser Gedanke neu für Sie? Sie haben zwar gehört, dass Gott Sie erschaffen hat, dass er über Ihnen wacht, Sie führt, Sie kennt … aber dass er für Sie kämpft? Wer bahnt Ihnen den Weg? Wer verteidigt Sie? Wer lässt Mauern einstürzen, hält die Sonne an und lässt es auf den Teufel und seine Mächte hageln?

Wussten Sie, dass Gott für Sie kämpft? „Uns aber hilft der Herr, unser Gott; er kämpft für uns!" (2. Chronik 32,8). „Unser Gott wird für uns kämpfen!" (Nehemia 4,14). „Herr, stelle dich meinen Feinden entgegen, kämpfe mit denen, die mich angreifen!" (Psalm 35,1).

Gott kämpft für Sie. Lassen Sie diese vier Worte mal einen Augenblick auf sich wirken.

Gott. Der Vorsitzende, der Präsident, der König, der oberste Herrscher, das königliche Oberhaupt, der Zar, der Kaiser und Maharadscha dieser Welt. Er schreitet ein und gibt Ihnen Deckung. Er ist absolut perfekt, unermüdlich stark und zweifelsohne fähig. Er ist unermesslich freudig, weise und willens. Und er ...

... *kämpft.* Er schickt Engel und gebietet dem Wetter. Er lässt die Goliaths abtreten und leert die Friedhöfe. Er kämpft ...

... *für.* Für Ihre Gesundheit, Ihre Familie, Ihren Glauben und Ihre Wiederherstellung. Stehen Ihre Chancen schlecht? Ist der Trainer gegen Sie? Ist die Regierung gegen Sie? Das ist natürlich schwierig, aber Gott kämpft für ...

... *Sie.* Ja, Sie! Sie mit der verkorksten Vergangenheit. Sie mit der immer höher werdenden Stirn. Sie mit dem abwesenden Vater. Sie mit dem kaputten Rücken, mit der negativen Schufa-Auskunft oder dem miesen Job. Er kämpft nicht nur für die Reichen, Schönen oder die besonders Frommen. Er kämpft für Menschen wie Sie.

Die gute Nachricht der Bibel ist, dass nicht Sie für Gott kämpfen, sondern dass er für Sie kämpft. Wenn Sie sich dessen bewusst sind – dass Ihr Vater für Sie kämpft –, ist das eine unglaublich große Kraftquelle.

Als Gott Mensch wurde, kämpfte er um Ihre Seele. Als Jesus in der Wüste dem Teufel entgegentrat, kämpfte er um Ihren Frieden. Als er sich für die Vernachlässigten starkmachte, hat er sich da nicht auch für Sie starkgemacht? Als er am Kreuz für Ihre Sünden starb, kämpfte er um Ihre Errettung. Als er den Heiligen Geist sandte, damit dieser Sie führt und tröstet und Ihnen Kraft gibt, kämpfte er um Ihr Leben.

Wenn Ihnen diese Wahrheit nicht bewusst ist, können Sie auch gleich Ihre Koffer packen, denn dann werden Sie sehr lange in der Wüste herumirren. Aber wenn Sie das glauben, werden sich die Wolken über Ihnen lichten.

Glauben Sie das Folgende:

[Gott] *wird nicht zulassen, dass du stolperst und fällst;*
der dich behütet, schläft nicht.
Siehe, der Israel behütet, wird nicht müde und
schläft nicht.
Der Herr selbst behütet dich!
Der Herr ist dein schützender Schatten über deiner
rechten Hand.
Die Sonne wird dir am Tag nichts anhaben
noch der Mond bei Nacht.
Der Herr behütet dich vor allem Unheil
und bewahrt dein Leben.
Der Herr behütet dich, wenn du kommst und wenn du
wieder gehst,
von nun an bis in Ewigkeit.
Psalm 121,3–8

Das möchte Gott für Sie, das ist sein Ziel für Sie. Das ist Ihr Erbe: mehr Siege als Niederlagen; mehr Freude als Traurigkeit; mehr Hoffnung als Verzweiflung, noch mehr Tage mit einem Neubeginn.

Kapitel 13

Vertrauen Sie auf Gottes Verheißungen

Doch wer bis zum Ende durchhält,
wird gerettet werden.
Matthäus 24,13

Die Spätnachrichten sind ein schlechtes Schlafmittel. Jedenfalls waren sie das in der vergangenen Nacht für mich. Ich wollte mir einfach nur die Basketballergebnisse anschauen und mich über den aktuellen Pollenflug informieren. Aber dazu musste ich erst die üblichen Schreckensnachrichten über mich ergehen lassen. Und letzte Nacht schienen die Schrecken noch größer zu sein als gewöhnlich.

Normalerweise bringt es mich nicht aus dem Gleichgewicht, wenn ich mir die Nachrichten anschaue. Ich bin kein Schwarzmaler. Ich denke, mit einem großen Schuss Gottvertrauen kann ich Tragödien genauso gut ertragen wie jeder andere auch. Aber letzte Nacht … heutzutage … scheint die Welt so finster zu sein.

Wut und Hass ergießen sich in die Straßen der Innenstädte. Vor allem Frauen und Kinder werden in die Sexsklaverei verkauft und verlieren ihre Unschuld. Menschen verlieren ihr Dach über dem Kopf. Ihre Arbeitsstelle. Dann sind da noch die Pandemie und die schreckliche Angst. Unsere Gesellschaft ist müde und erschöpft und fragt sich, was als Nächstes kommt.

Mich beschäftigt, was meine Enkel erwarten wird. Im Moment machen sie sich vor allem Gedanken darüber, ob sie im Sommer wohl Glühwürmchen zu sehen bekommen oder dass sie Dinge mit ihren Geschwistern teilen müssen. Ich wünschte mir, ihre Welt könnte immer so unschuldig bleiben. Aber das wird sie nicht. Jeder Pfad wird überschattet von Bäumen und hinter jeder Biegung lauert ein Abgrund. In jedem Leben schaut die Angst vorbei. Das wird bei meinen Enkeln nicht anders sein.

Und bei Ihren Kindern und Enkeln auch nicht. Und so verlockend der Gedanke an eine einsame Insel oder ein Kloster auch sein mag: Rückzug ist einfach nicht die richtige Antwort auf die Gefahren von morgen.

Aber was ist dann die Antwort? Kann jemand diesen Zug stoppen, oder hat sich der Lokführer rechtzeitig aus dem Staub gemacht, bevor wir in der nächsten scharfen Kurve entgleisen?

Vielleicht habe ich einen Teil der Antwort ausgerechnet im ersten Kapitel des Neuen Testaments gefunden. Mir kam es schon oft seltsam vor, dass Matthäus sein Evangelium mit einem Stammbaum beginnt. Das ist sicher kein guter Stil. Die meisten Lektorinnen und Lektoren würden vermutlich nicht durchgehen lassen, dass eine Geschichte mit einer Liste darüber beginnt, wer wen gezeugt hat.

Andererseits war Matthäus kein Journalist, und der Heilige Geist versuchte auch nicht, unsere Aufmerksamkeit zu erregen. Stattdessen wollte er uns etwas klarmachen: Gott hatte versprochen, dass der Messias ein Nachkomme von Abraham sein würde (1. Mose 12,3), und genau das geschah auch.

„Machst du dir Sorgen wegen der Zukunft?", fragt Matthäus gewissermaßen. „Dann schau doch einmal auf die Vergangenheit zurück." Und mit diesen Worten öffnet er die Ahnentruhe von Jesus und holt all die schmutzige Wäsche hervor.

Sie und ich hätten einige dieser Geschichten sicher geheim gehalten, das können Sie mir glauben. Aber der Familienstammbaum von Jesus enthält eine alles andere als brave

Liste von Heiligen. Im Gegenteil: Er liest sich eher wie die Liste der Insassen des Bezirksgefängnisses.

Der Stammbaum beginnt mit Abraham, dem Stammvater, der mehr als einmal gelogen hat, um seinen Hals zu retten (1. Mose 12,10–20).

Jacob, Abrahams Enkel, war gewiefter als ein Trickbetrüger in Las Vegas. Er hinterging seinen Bruder, belog seinen Vater, wurde selbst hinters Licht geführt und führte dann seinen Onkel hinters Licht (1. Mose 27,30).

Jakobs Sohn Juda war so blind vor Testosteron, dass er die Dienste einer vermeintlichen Bordsteinschwalbe in Anspruch nahm, ohne zu wissen, dass es sich dabei um seine eigene Schwiegertochter handelte! Als er erfuhr, wer sie war, drohte er, sie wegen Verführung bei lebendigem Leib zu verbrennen (1. Mose 38).

Ganz besonders erwähnt werden auch Salomos Mutter Batseba (die an fragwürdigen Orten badete) und Salomons Vater David (der Batseba beim Baden zugesehen hatte; 2. Samuel 11,2–3).

Rahab war eine Hure (Josua 2,1) und Rut Ausländerin (Ruth 1,4).

Manasse hat es ebenfalls in den Stammbaum geschafft, obwohl er einen seiner Söhne im Feuer opferte (2. König 21,6). Und obwohl er nichts von Gott wissen wollte (2. Könige 21,22), kam auch sein Sohn Amon in den Stammbaum.

Offenbar waren die Hälfte der Könige Ganoven, die andere Hälfte Betrüger, und gut eine Handvoll beteten obendrein auch noch den einen oder anderen Götzen an.

So liest sich diese weniger schöne Ahnenliste von Jesus. Die einzige Gemeinsamkeit zwischen diesen Leuten scheint ein Versprechen zu sein. Ein Versprechen von Gott, dass er sie gebrauchen würde, um seinen Sohn in die Welt zu bringen.

Warum gebrauchte Gott diese Menschen? Er musste es nicht tun. Er hätte den Retter der Welt einfach vor einer Tür ablegen können. Das wäre einfacher gewesen. Und warum erzählt Gott uns die Geschichten dieser Menschen? Warum gibt Gott uns ein Altes Testament, das all die Irrungen und Wirrungen seines Volkes enthält?

Ganz einfach: Er wusste, was Sie und ich abends in den Nachrichten sehen würden. Er wusste, dass Sie Angst haben würden. Er wusste, dass ich mir Sorgen machen würde. Und er möchte, dass wir wissen, dass er immer die Ruhe bewahrt, auch wenn die Welt im Chaos versinkt.

Wollen Sie einen Beweis dafür? Lesen Sie den letzten Namen in der Ahnenreihe. Trotz all der verbeulten Heiligenscheine und geschmacklosen Seitensprünge seines Volkes ist der letzte Name in der Reihe der erste, der schon ganz zu Beginn angekündigt wurde: Jesus.

„Jakob war der Vater von Josef, dem Ehemann Marias. Maria war die Mutter von Jesus, der Christus genannt wird“ (Matthäus 1,16).

Punkt. Danach komm kein weiterer Name. Es braucht keine Namen mehr. Es ist, als würde Gott zu einer zweifelnden Welt sagen: „Seht ihr, ich habe es getan. Genau wie ich es gesagt hatte. Der Plan ist aufgegangen.“

Die Hungersnot konnte ihn nicht aushungern.

Vierhundert Jahre Sklaverei in Ägypten konnten ihn nicht kleinkriegen.

Bei der Wüstenwanderung ging er nicht verloren.

Die Babylonische Gefangenschaft konnte ihn nicht aufhalten.

Pilger mit schmutzigen Füßen konnten Gottes Plan nicht durchkreuzen.

Die Verheißung des Messias zieht sich durch 42 Generationen grob behauener Steine und wurde zu einer Halskette, die des kommenden Königs würdig war. Genau wie Gott es versprochen hatte.

Und bis heute hat sich nichts an der Gültigkeit seiner Verheißungen geändert.

„Wer aber bis zum Ende standhaft bleibt, wird gerettet" (Matthäus 24,13), versichert uns Josefs Sohn.

Und: „In der Welt wird man euch hart zusetzen, aber verliert nicht den Mut: Ich habe die Welt besiegt!" (Johannes 16,33).

Der Lokführer hat sich nicht aus dem Staub gemacht. Ein Atomkrieg stellt für Gott keine Bedrohung dar. Das Auf und Ab der Weltwirtschaft schüchtert ihn nicht ein. Führungspersonen mit einem fragwürdigen Lebenswandel haben seinen Plan noch nie durcheinandergebracht.

Gott hält sein Versprechen.

Schauen Sie selbst nach – in der Krippe. Dort liegt er.

Schauen Sie selbst nach – im Grab. Dort liegt er nicht.

Teil IV

Prägen Sie Ihre Welt

Sie wurden erschaffen, um etwas zu bewegen. Sehnen Sie sich danach, das zu tun?

Fangen Sie in Ihrem Kopf an. In der Bibel wird immer wieder betont, wie wichtig das ist, was wir wissen und erkannt haben. „Wir haben erkannt, wie sehr Gott uns liebt, und wir glauben an seine Liebe“ (1. Johannes 4,16).

Jesus hat nicht gesagt: „Ihr werdet die Wahrheit fühlen“, „Ihr werdet die Wahrheit erleben“ oder: „Ihr werdet eine emotionale Nähe zur Wahrheit aufbauen“. Er hat uns vielmehr versprochen: „Ihr werdet die Wahrheit *erkennen*, und die Wahrheit wird euch frei machen“ (Johannes 8,32; Hervorhebung des Autors).

Gebrauchen Sie Ihren Verstand, aber bleiben Sie nicht dabei stehen. Was im Kopf anfängt, muss im Herzen weitergehen.

Aus Tatsachen wird Glaube. Ist das nicht auch bei Timotheus passiert? Paulus wies ihn an: „Du aber sollst dich treu an das halten, was ich dich gelehrt habe und was du gelernt und im Glauben angenommen hast, denn du weißt, wer dich unterrichtet hat“ (2. Timotheus 3,14).

Auch hier finden wir wieder die Reihenfolge aus *lernen* und *glauben*. „... was du gelernt und im Glauben angenommen hast ...“

Was im Kopf anfängt, muss ins Herz rutschen. Ist das nicht automatisch so? Können wir nicht einfach davon ausgehen, dass derjenige, der kennt, was richtig ist, auch entsprechend lebt? Bei Felix war das nicht so. Felix war zur Zeit der Ereignisse, von denen in der Apostelgeschichte berichtet wird, Statthalter von Judäa. Als Paulus gefangen genommen wurde, hatte Felix es in der Hand, ihn freizusprechen. Aber Felix war von Paulus fasziniert. Und Felix wurde sogar von Paulus unterrichtet. „... deshalb ließ [Felix] ihn öfter holen und unterhielt sich mit ihm" (Apostelgeschichte 24,22).

Können Sie sich vorstellen, wie es ist, gemeinsam mit Paulus in der Bibel zu lesen (auch wenn es diese damals noch nicht gab)? Das ist, als würde Lionel Messi Ihnen Fußballspielen beibringen oder Monet Ihnen Kunstunterricht geben oder Ernest Hemingway Ihre Abschlussarbeit durchlesen. Und es hatte positive Auswirkungen auf Felix. Er war dadurch „mit der neuen Glaubenslehre recht gut vertraut" (Apostelgeschichte 24,22). Er kannte die Fakten. Er hatte die Wahrheit gehört. Er füllte seinen Verstand mit Wissen.

Aber Felix ließ nicht zu, dass diese Fakten auch sein Herz erreichten. „[Felix bekam] es mit der Angst zu tun. ‚Für den Augenblick kannst du gehen', entgegnete er. ‚Zu einem passenderen Zeitpunkt werde ich dich dann wieder holen lassen'" (Apostelgeschichte 24,25).

Der Statthalter genoss den intellektuellen Schlagabtausch, die akademischen Anstöße, den philosophischen Dialog. Fakten für den Verstand? In Ordnung. Aber eine Veränderung im Herzen? Bloß nicht. Felix hatte irgendwo zwischen Kopf und Herz eine Blockade aufgebaut. Vielleicht dachte Paulus ja an ihn, als er in einem seiner Briefe von Menschen berichtete, die „sich ständig neuen Lehren zu[wenden], ohne dass sie je die Wahrheit verstehen könnten" (2. Timotheus 3,7).

Vor einigen Jahren leiteten ein Theologe und ein israelischer Fremdenführer gemeinsam eine Rundreise durchs Gelobte Land. Der Fremdenführer kannte alle Einzelheiten aus dem Leben von Jesus, so wie Beethoven die Klaviertastatur kannte. Er war im Schatten des Gartens Gethsemane aufgewachsen und verdiente seinen Lebensunterhalt damit, Fakten aus dem Leben von Jesus zu erzählen. Aber er glaubte nicht daran, dass dieser wirklich der Messias war. Gegen Ende der Rundreise gab der Theologe ihm folgenden Rat: „Sie wissen mehr über Jesus als jeder andere, den ich kenne. Sie müssen diese Fakten nur dreißig Zentimeter tiefer sinken lassen."

Darf ich Ihnen zeigen, wie das geht? Nehmen wir einmal an, Sie haben neue Aspekte über Gottes Gnade gelernt. Sie haben im 1. Johannesbrief einen Schatz ausgegraben: „... das Blut von Jesus, seinem Sohn, reinigt uns von jeder Schuld" (1. Johannes 1,7). Jesus Christus macht mit Ihrer Schuld das, was die Scheibenwischer mit den Regentropfen machen: Er wischt sie immer wieder weg.

Wow! Das ist eine großartige Tatsache. Aber was machen Sie jetzt damit? Hinterlassen Sie eine Notiz am Rand Ihrer Bibel? Erwähnen Sie das in einer Unterhaltung? Unterstreichen Sie den betreffenden Vers? Das ist alles ein guter Anfang. Aber bis zu diesem Punkt haben Sie nur Ihren Verstand benutzt.

Drücken Sie doch jetzt einmal auf den Fahrstuhlknopf und lassen Sie diese Wahrheit in Ihr Herz hinunterfahren. Gehen Sie vom Intellektuellen zum Persönlichen über. „Herr, ich danke dir. Du hast jede Schuld auf ewig weggewischt. Wenn ich heute habgierig war, gestern gemeckert habe –

alles hast du bereinigt. Durch deine Gnade bin ich so rein wie die Engel im Himmel. Das ist ein unglaubliches Geschenk!"

Auf diese Weise beschäftigen Sie sich nicht verstandesmäßig mit Gottes Gnade, sondern kommen auch in ihren Genuss. Machen Sie es nicht wie Felix, dessen Verstand mit Fakten angefüllt war. Entscheiden Sie sich, ein Nachfolger, eine Nachfolgerin von Jesus Christus zu sein, die vor Glauben geradezu überfließen.

Wenn Sie Gottes Geschenke wirklich für sich in Anspruch nehmen, geschehen Wunder. Aus einem Stirnrunzeln wird ein Lächeln. Die Freude überlagert die Sorgen. Aus Panik wird innerer Frieden. Und mit der Zeit wird aus den Tatsachen in Ihrem Kopf Glaube in Ihrem Herzen, der wiederum die Frucht Ihrer Hände hervorbringt.

Ja, das „Tun" ist Gott wichtig. Aber „Tun" folgt erst nach „Empfangen". Paulus legt die richtige Reihenfolge genau dar:

„Was ihr *gelernt* und *empfangen* und gehört und gesehen habt an mir, das *tut*; so wird der Gott des Friedens mit euch sein" (Philipper 4,9; LÜ; Hervorhebungen des Autors).

Lernen.

Empfangen.

Tun.

Fakten gelangen in Ihren Kopf, rutschen in Ihr Herz und werden zu Glauben und äußern sich in konkretem Handeln. Gute Taten. Großzügige Gesten. Krankenbesuche. Ehrenamtliche Mitarbeit. Einen Kuchen backen für Max. (War nur Spaß.) Die Taten folgen auf die Wahrheit, die Kopf und Herz erfüllt.

Sie wurden dazu erschaffen, etwas zu bewegen. Wenn Sie Jesus Christus in sich wirken lassen, werden Sie das Gleiche in der Welt tun.

Kapitel 14

Seien Sie Sie selbst

Jeder Mensch bekommt eine Aufgabe,
die zeigt, wie Gott ist.
1. Korinther 12,7 (*The Message*)

Niemand sonst ist so wie Sie. Niemand in der gesamten Menschheitsgeschichte hat so eine Geschichte wie Sie. Niemand sonst in Gottes großartiger Schöpfung ist ein solches Geschöpf wie Sie. Niemand hat Ihre Persönlichkeit, Ihre Fähigkeiten und Ihre Abstammung. Als Gott Sie erschuf, standen die Engel staunend daneben und sagten: „So etwas habe ich ja noch nie gesehen." Und sie werden es auch nie wieder sehen. Ihr Lebensweg ist einzigartig.

Sie sind die erste, die endgültige Fassung Ihrer selbst, vom Himmel persönlich gemacht. Sie sind einmalig, nie da gewesen und ohnegleichen.

Deshalb können Sie bei Ihrem Neuanfang etwas tun, das niemand sonst tun kann, und das auf eine Weise, wie niemand sonst es tun kann.

Auch andere können ein Team leiten, aber nicht auf Ihre Art. Auch andere können kochen, aber nicht mit Ihrer ganz besonderen Note. Auch andere können Kinder unterrichten, Geschichten erzählen, Flugzeuge fliegen. Sie sind nicht der einzige Mensch, der eine bestimmte Gabe hat. Aber Sie sind der einzige Mensch mit dieser Version der Gabe. Sie sind als einzigartiges Exemplar auf diese Welt gekommen. „Du hast mich mit meinem Innersten geschaffen, im Leib meiner Mutter hast du mich gebildet ... kunstvoll gebildet im Leib meiner Mutter" (Psalm 139,13.15; Hfa).

Jeder von uns – nicht nur manche, einige oder die Elite unter uns. Und jeder *auf eine andere Weise* – eine Veranlagung, eine angeborene Stärke, eine Neigung oder Vorliebe. Etwas Schönes, das sich zeigen und zum Vorschein kommen muss. Wie eine Eiche in der kleinen Eichel, die gegen ihre enge Schale drückt. Und wenn Sie diese besondere Veranlagung oder Stärke einsetzen, bekommen Sie ziemlich schnell Rückenwind. Weil Sie das tun, wofür Sie geschaffen wurden.

Es geht um Ihre Berufung. Die Sache, bei der Sie sich von Ihrer besten Seite zeigen. Die Ecke, an der, bildlich gesprochen, Ihre Begabung und Gottes Berufung aufeinandertreffen, ist die Kreuzung von „Straße des Neubeginns" und „Allee der zweiten Chance", dort, wo Noah nach der Sintflut stand.

Viele Menschen leben nicht im Einklang mit ihrer Berufung. Sie geben sich mit dem Leben eines anderen zufrieden.

„Mein Großvater war Metzger, mein Vater war Metzger, und ich werde wohl auch Metzger."

„Alle, die ich kenne, sind Landwirte. Dann werde ich wohl auch Landwirt."

Deshalb riskieren sie es, ein langweiliges, freudloses und unfruchtbares Leben zu führen. Sie werden nie das Lied singen, das Gott für ihre Stimme geschrieben hat. Sie werden nie mit hochgerissenen Armen über die Ziellinie rennen und rufen: „Genau dafür wurde ich gemacht!"

Sie fügen sich ein, passen sich an, integrieren sich. Aber sie finden nie ihre Berufung. Machen Sie diesen Fehler nicht auch.

„Denn wir sind Gottes Schöpfung. Er hat uns in Christus Jesus neu geschaffen, damit wir zu guten Taten fähig sind, wie er es für unser Leben schon immer vorgesehen hat" (Epheser 2,10). Sie sind nicht rein zufällig hier. Ihre Begabungen wurden nicht einfach so zusammengewürfelt.

Gott „hat auch das Innerste eines jeden Menschen geformt" (Psalm 33,15; Hfa).

Jeder bekommt eine Gabe. Und diese Gaben gibt es in verschiedenen Dosierungen und Kombinationen. „Jedem von uns wird eine geistliche Gabe zum Nutzen der ganzen Gemeinde gegeben" (1. Korinther 12,7).

Unser Erbe verdanken wir Gottes Gnade und es wird an alle verteilt. Aber unsere Aufgaben sind maßgeschneidert. Es gibt keine zwei Schneeflocken, die sich gleichen. Es gibt keine zwei identischen Fingerabdrücke. Warum sollte es da zwei identische Begabungen geben? Kein Wunder, dass Paulus schrieb: „... versucht zu begreifen, was der Herr von euch will" (Epheser 5,17).

Wissen Sie, was Gott von Ihnen möchte? Wissen Sie, was Sie so einzigartig macht? Haben Sie erkannt, welche Eigenschaften Sie von allen anderen Menschen unterscheiden?

Sie haben „Ländereien" zu bewirtschaften, Ihr eigenes Stück Land im Leben. „Jeder achte genau auf sein eigenes Leben und Handeln, ohne sich mit anderen zu vergleichen" (Galater 6,4).

Seien Sie Sie selbst. Niemand sonst ist so wie Sie. Stellen Sie sich irgendeine Klasse in irgendeiner Schule an einem beliebigen Tag vor. Zehn der fünfundzwanzig Schüler haben Mühe, wach zu bleiben. Weitere zehn sind zwar hellwach, warten aber nur darauf, dass es zur Pause klingelt. Aber fünf Schüler sind nicht nur hellwach, sondern wollen gar nicht, dass der Unterricht endet. Sie machen sogar so seltsame Dinge wie zusätzliche Hausaufgaben oder geben Nachhilfe. Welches Unterrichtsfach fanden Sie in Ihrer Jugend so spannend, dass Sie sich besonders reingekniet haben?

„Jeder soll dem anderen mit der *Begabung* dienen, die ihm Gott gegeben hat“ (1. Petrus 4,10; Hfa; Hervorhebung des Autors). Die Begabung weist darauf hin, wo die Berufung liegt. Was sind Ihre Fähigkeiten? Was können Sie besonders gut? Wobei wurden Sie gebeten, es noch einmal zu machen? Welche Aufgabe fällt Ihnen leicht? Welches Thema fesselt Ihre Aufmerksamkeit?

Ihre Fähigkeiten weisen Ihnen den Weg. Sie führen Sie zu Ihrem „Land“. Schenken Sie Ihren Stärken Beachtung. Es sind die Krumen, die Sie aus dem dichten Wald herausführen werden, wenn Sie ihnen folgen. Gott liebt Sie viel zu sehr, als dass er Ihnen eine Aufgabe gibt, aber nicht die nötige Begabung. Finden Sie also Ihre Fähigkeiten heraus.

Versuchen Sie, Ihren Beruf mit Ihren Begabungen in Einklang zu bringen. Das dauert vielleicht einige Zeit. Sie müssen unter Umständen Gespräche mit Ihrem Chef führen. Sie müssen möglicherweise ein wenig herumprobieren … aber geben Sie nicht auf. Nicht jeder Tubabläser hat auch die Gabe, das Orchester zu leiten. Wenn Sie es können, tun Sie es. Wenn nicht, dann blasen Sie nach Herzenslust in Ihre Tuba.

„Deshalb ermutige ich dich dazu, die geistliche Gabe wirken zu lassen, die Gott *dir* schenkte“ (2. Timotheus 1,6; Hervorhebung des Autors).

Seien Sie Sie selbst. Seien Sie nicht wie Ihre Eltern oder Ihre Großeltern. Sie können sie bewundern, sie schätzen und von ihnen lernen. Aber Sie können nicht wie sie sein, denn Sie sind nicht sie. „… ohne sich mit anderen zu vergleichen. Schließlich ist jeder für sein eigenes Verhalten verantwortlich“ (Galater 6,4–5).

Jesus lehrte das sehr eindringlich. Nach seiner Auferstehung erschien er einigen seiner Nachfolger. Er gab Petrus eine ganz spezielle pastorale Aufgabe, die große Opfer verlangte. Der Apostel deutete daraufhin jedoch auf Johannes und wollte wissen: „‚Was ist mit ihm, Herr?‘ Jesus erwiderte: ‚Wenn ich will, dass er am Leben bleibt, bis ich wiederkomme, was geht das dich an? Folge du mir nach‘“ (Johannes 21,21–22). Mit anderen Worten: Kümmere dich nicht um die Aufgaben anderer; konzentriere dich auf deine eigene.

Ein kleiner Junge namens Ben wollte so sein wie sein Freund Paul. Ben gefiel es, wie Paul redete und ging. Paul wiederum wollte so sein wie Philipp. Etwas an Philipps Tonfall und seiner Art zu schreiten faszinierte ihn. Philipp war wiederum von Tom beeindruckt. Philipp wollte so aussehen und klingen wie Tom. Tom hatte ebenfalls einen Helden, und das war ausgerechnet – Ben. Er wollte genau so sein wie Ben.

Also machte Ben Paul nach, der Philipp nachmachte, der wiederum Tom nachmachte und dieser imitierte Ben.

Alles, was Ben also tun musste, war, er selbst zu sein.[1]

Bleiben Sie in Ihrer eigenen Spur, wenn Sie von Neuem beginnen. Laufen Sie Ihr eigenes Rennen. Es kommt nichts Gutes dabei heraus, wenn Sie sich mit anderen vergleichen und mit ihnen wetteifern. Gott beurteilt Sie nicht danach, wie Sie die Gaben anderer einsetzen. Er beurteilt Sie danach, was Sie mit Ihren eigenen Gaben machen. Sein Maßstab für Ihre Treue ist, wie treu Sie mit Ihren eigenen Gaben umgehen. Sie sind nicht dafür verantwortlich, welche Gaben Sie haben. Aber Sie sind sehr wohl dafür verantwortlich, wie Sie damit umgehen.

Also laufen Sie los! Finden Sie Ihr „Fleckchen Land“ im Leben und lassen Sie sich dort nieder.

Seien Sie Sie selbst.

Kapitel 15

Teilen Sie mit anderen, was Gott Ihnen gegeben hat

Die Liebe … verliert nie den Glauben.

1. Korinther 13,7

„Eigentlich war Skinner schon ein toter Mann." Mit diesen Worten beginnt Arthur Bressi seinen Bericht über den Tag, an dem er seinen besten Freund während des Zweiten Weltkriegs in einem japanischen Konzentrationslager fand. Die beiden waren seit der Highschool dicke Freunde. Sie waren zusammen in Mount Carmel in Pennsylvania aufgewachsen, hatten miteinander Ball gespielt, die Schule geschwänzt und zur selben Zeit die erste Freundin gehabt. Arthur und Skinner waren unzertrennlich. Da erschien es nur logisch, dass sie auch beide zusammen zum Militär gingen. Sie wurden auf demselben Truppentransporter auf die Philippinen befördert, wo sie dann allerdings getrennt wurden. Skinner war auf der Halbinsel Bataan, als diese 1942 von den Japanern eingenommen wurde. Arthur Bressi geriet einen Monat später in Gefangenschaft.

Durch die Gerüchteküche im Gefängnis erfuhr Arthur, was mit seinem Freund passiert war. Skinner befand sich in einem anderen Lager ganz in der Nähe und war dem Tode nah. Arthur meldete sich daraufhin freiwillig zu einem Arbeitseinsatz, in der Hoffnung, dass er dabei vielleicht Zutritt zu dem anderen Lager bekommen würde. Und eines Tages war es dann auch wirklich so weit.

Arthur erbat sich fünf Minuten Zeit, um seinen Freund zu finden, was ihm auch gestattet wurde. Er wusste, dass er den Teil des Lagers aufsuchen musste, in dem die Kranken untergebracht waren. Es gab dort zwei Abteilungen – auf einer

Seite waren die Männer, mit deren Genesung man rechnete, auf der anderen diejenigen, die man aufgegeben hatte. Die Todgeweihten wohnten in einer Baracke, der man den Namen „Endstation“ gegeben hatte. Und dort fand Arthur schließlich seinen Freund Skinner. Er rief seinen Namen und aus der Baracke kam ein 35 Kilo schweres Knochengestell. Sein Freund war nur noch ein Schatten seiner selbst.

Er schreibt über diese Begebenheit:

> *Ich stand am Stacheldrahtzaun des japanischen Kriegsgefangenenlagers auf Luzon und sah mit an, wie mein bester Freund aus Kindheitstagen auf mich zugewankt kam. Er war völlig verdreckt und schmerzgebeugt durch seine zahlreichen Krankheiten.*
>
> *Er war tot; nur sein unbändiger Geist hatte den Körper noch nicht verlassen. Ich wollte den Blick abwenden, konnte es aber nicht. Er sah mir mit blauen Augen, die glasig und trüb waren, unbeirrt in die Augen.*[1]

Malaria. Amöbenruhr. Pellagra. Skorbut. Beriberi. Skinners Körper war ein Sammelbecken für Tropenkrankheiten. Er konnte weder essen noch trinken. Ja, eigentlich war er schon fast gar nicht mehr da.

Arthur wusste nicht, was er tun oder sagen sollte. Seine fünf Minuten Besuchszeit waren bereits fast zu Ende, als er den großen Knoten seines Halstuchs öffnete. Dort hatte er seinen Abschlussring aus der Highschool versteckt. Obwohl er riskierte, erwischt und bestraft zu werden, hatte er ihn ins Lager geschmuggelt. Er wusste, wie leicht man dort krank wurde und dass es kaum ärztliche Versorgung gab.

Er hatte den Ring verwahrt, um sich damit, wenn nötig, Medikamente oder zusätzliche Nahrungsmittel zu besorgen. Aber ein Blick auf Skinner genügte, und er wusste, dass er ihn nicht länger behalten durfte.

Als er sich von seinem Freund verabschiedete, schob er den Ring durch den Zaun hindurch in Skinners abgemagerte Hand und flüsterte ihm zu, er solle damit „Geschäfte machen". Skinner wollte das Geschenk nicht annehmen, aber Arthur beharrte darauf. Er wandte sich um und ging, ohne zu wissen, ob er seinen Freund jemals lebend wiedersehen würde.

Welche Art Liebe tut so etwas? Es ist eine Sache, einem gesunden Menschen ein Geschenk zu machen. Es ist eine Sache, den eigenen Besitz mit den Starken zu teilen. Aber das Wertvollste, was man besitzt, einem Schwachen zu geben, den einzigen Schatz einem Sterbenden anzuvertrauen – das sagt schon etwas aus. Und es sagt dem Schwachen etwas.

„Ich glaube an dich", macht diese Geste deutlich. „Verzweifle nicht. Gib nicht auf. Ich glaube an dich." Kein Wunder, dass Paulus diesen Satz in seine Definition von Liebe einbezog: „Die Liebe … verliert nie den Glauben" (1. Korinther 13,7).

Kennen Sie jemanden, der auf Skinners Seite des Zaunes steht? Wenn Ihr Kind Probleme in der Schule hat, dann können Sie diese Frage mit Ja beantworten. Wenn Ihr Mann mit Depressionen kämpft oder Ihre Frau ihre Stelle verloren hat, dann trifft das ebenso zu. Wenn ein Freund oder eine Freundin Krebs hat, wenn Ihre Klassenkameradin gemobbt wird, Ihr Sohn es nicht in die Schulmannschaft geschafft hat, wenn Sie jemanden kennen, der Angst oder versagt hat oder sich einfach schwach fühlt, dann kennen Sie damit auch jemanden, der so einen Ring des Glaubens braucht.

Und was noch besser ist: Sie können ihr oder ihm einen solchen Ring geben. Sie können durch Ihre Worte oder Ihr Handeln das Leben dieses Menschen für immer verändern.

Arthur tat das jedenfalls. Wollen Sie wissen, wie es mit Skinner weiterging? Er nahm den Ring und versteckte ihn unter den Holzbohlen der Baracke, in der er untergebracht war. Am nächsten Tag ging er das größte Risiko seines bisherigen Lebens ein. Er ging auf den „freundlichsten" Wachmann zu und steckte ihm den Ring durch den Zaun hindurch zu.

„*Takai?*", fragte der Wachmann. „Ist er wertvoll?"

Skinner versicherte ihm, dass dem so sei. Der Soldat lächelte, steckte den Ring in die Tasche und verschwand. Zwei Tage später ging er an Skinner vorbei und ließ direkt neben seinen Füßen ein Päckchen fallen. Sulfonamidtabletten. Einen Tag später brachte er Zitronen gegen den Skorbut. Dann folgten eine neue Hose und ein wenig Büchsenfleisch. Nach drei Wochen war Skinner wieder bei Kräften. Nach drei Monaten wurde er auf die Seite des Krankenlagers verlegt, in der die genesenden Kriegsgefangenen lagen. Schon bald war er wieder in der Lage zu arbeiten. So weit Skinner wusste, war er der einzige Amerikaner, der jemals die „Endstation" lebendig verlassen hatte.

Und alles nur wegen eines Rings. Alles nur, weil jemand an ihn geglaubt hatte.

Ich weiß, was einige von Ihnen jetzt denken. Sie schauen Arthur und Skinner an und wünschten, Ihre Situation wäre so einfach. Skinner war dem Tod nah, aber er war ein guter

Mensch, ein guter Freund. Wie soll man aber an jemanden glauben, der das nicht ist? Wie soll man an jemanden glauben, der einen betrügt, oder an einen Kollegen, der einen hintergeht? Ignoriert die Liebe dann all diese Dinge? Das glaube ich nicht. Dieser Bibeltext ist kein Aufruf zur Naivität oder zur Blindheit. Aber er ist ein Appell an uns, anderen das zu geben, was Gott auch uns geschenkt hat.

Skinner ist nämlich nicht der Einzige, der einen Ring bekommen hat. Sie tragen auch einen am Finger. Ihr Vater im Himmel hat ihn Ihnen angesteckt. Jesus beschreibt diesen Augenblick, als er die Geschichte vom verlorenen Sohn erzählt.

In der Geschichte geht es um einen wohlhabenden Vater und einen rebellischen Sohn. Der Junge verlangt frühzeitig sein Erbe und zieht nach Las Vegas, wo er sein Geld in Casinos und Bordellen verprasst. Er ist schneller pleite, als man „Blackjack" sagen kann. Weil er zu stolz ist, nach Hause zurückzukehren, sucht er sich einen Job und endet als Stallbursche in einem Rennstall. Als er sich dabei erwischt, wie er ein Pferdeleckerli probiert und dabei auch noch denkt: *Hmm, mit einer Prise Salz schmeckt das gar nicht mal so übel,* wird ihm klar, wie tief er gesunken ist. Es ist Zeit, wieder nach Hause zurückzukehren. Selbst dem Gärtner seines Vaters geht es besser als ihm. Und so macht er sich auf den Nachhauseweg und übt unterwegs schon mal seine Entschuldigung.

Aber der Vater hat ganz andere Vorstellungen. „Er war noch weit entfernt, als sein Vater ihn kommen sah." Der Vater hatte die ganze Zeit über nach seinem Sohn Ausschau gehalten und sich dabei regelrecht den Hals verrenkt, immer in der Hoffnung, der Junge würde doch noch zurückkommen. Und dann erblickte der Vater endlich die vertraute Gestalt auf dem Weg. „Voller Liebe und Mitleid lief er seinem Sohn entgegen, schloss ihn in die Arme und küsste ihn."

Mit einer solchen Reaktion haben wir nun wirklich nicht gerechnet. Wir erwarten verschränkte Arme und eine finster gerunzelte Stirn, bestenfalls vielleicht einen distanzierten Händedruck und dann eine gehörige Standpauke. Aber der Vater tut nichts von alldem. Stattdessen gibt es Geschenke für den Sohn. „‚Schnell! Bringt die besten Kleider im Haus …! Holt einen Ring für seinen Finger und Sandalen für seine Füße. Und schlachtet das Kalb, das wir im Stall gemästet haben …' Und ein Freudenfest begann" (Lukas 15,11–24). Kleidung, Schuhe und … haben Sie das mitbekommen? Einen Ring.

Bevor der Junge auch nur die Gelegenheit hat, sich die Hände zu waschen, hat er schon einen Ring am Finger. Zur Zeit von Jesus war ein Ring mehr als nur ein hübsches Geschenk, er war ein Symbol für übertragene Vollmachten. Der Träger des Rings konnte im Namen des Gebers sprechen. Ein Ring wurde ebenfalls dazu benutzt, um ihn zur Beglaubigung eines Vertrages als Siegel in flüssiges Wachs zu drücken. Derjenige, der den Ring trug, hatte die Vollmacht, im Namen dessen, der ihm den Ring gegeben hatte, Geschäfte zu tätigen.

Hätten Sie das getan? Hätten Sie diesem rebellischen, verschwenderischen Sohn die Vollmacht über Ihre Angelegenheiten erteilt? Hätten Sie ihm Ihre Kreditkarte anvertraut? Hätten Sie ihm diesen Ring gegeben?

Bevor Sie jetzt anfangen, am Urteilsvermögen des Vaters zu zweifeln, erinnern Sie sich bitte daran, dass *Sie* in dieser

Geschichte der Sohn sind. Als Sie zu Gott nach Hause zurückkamen, wurde Ihnen die Vollmacht verliehen, im Namen Ihres Vaters im Himmel zu handeln.

Wenn Sie anderen Menschen von Jesus erzählen, sind Sie ein Botschafter, eine Botschafterin Gottes.

Wenn Sie das Geld verwalten, das er Ihnen anvertraut hat, sind Sie sein Geschäftsführer oder seine Geschäftsführerin.

Wenn Sie jemandem vergeben, sind Sie sein Priester, seine Priesterin.

Wenn Sie die Heilung von Körper oder Seele fördern, sind Sie sein Arzt bzw. seine Ärztin.

Und wenn Sie beten, dann hört er Ihnen zu, wie ein Vater seinem Kind zuhört.

Sie haben eine gewichtige Stimme im Haushalt Gottes. Er hat Ihnen seinen Ring gegeben.

Das Einzige, was noch erstaunlicher ist als die Tatsache, dass er Ihnen seinen Ring geschenkt hat, ist, dass er ihn nicht zurückverlangt hat! Hat es nicht wirklich auch Zeiten gegeben, in denen er allen Grund dazu gehabt hätte?

Als Sie sich nur für Ihre eigenen Angelegenheiten interessiert und seine außer Acht gelassen haben. Als Sie gelogen haben, statt die Wahrheit zu sagen. Als Sie seine Geschenke angenommen und nur zu Ihrem persönlichen Vorteil genutzt haben. Als Sie ein weiteres Mal in den Bus nach Las Vegas gestiegen sind und sich von einer Welt der blinkenden Lichter, des Glücksspiels und der langen Nächten haben verführen lassen. Hätte er da den Ring nicht zurückverlangen können? Auf jeden Fall. Aber hat er es getan? Haben Sie immer noch eine Bibel? Dürfen Sie immer noch beten? Haben Sie noch finanzielle Mittel, mit denen Sie arbeiten, oder Fähigkeiten, die Sie einsetzen können? Wenn ja, dann will er wohl immer noch, dass Sie den Ring behalten. Allem Anschein nach glaubt er immer noch an Sie!

Er hat Sie noch nicht aufgegeben. Er hat sich noch nicht von Ihnen abgewandt. Er ist noch nicht gegangen. Er hätte durchaus allen Grund dafür gehabt. Andere hätten es getan. Aber er nicht. Gott glaubt an Sie. Und ich frage mich, ob Sie nicht ein wenig von dem Glauben, den er in Sie setzt, an jemand anderen weitergeben können. Könnten Sie an jemanden glauben?

Arthur hat Skinner damals im Gefangenenlager weitaus mehr gegeben als nur einen Ring; er vermittelte ihm eine Botschaft: „So viel bist du mir wert! Dein Leben ist es wert, gerettet zu werden. Dein Leben ist es wert, gelebt zu werden." Er glaubte an ihn, und deshalb gab er Skinner die Mittel und den Mut, sich selbst zu retten.

Sie und ich haben das Vorrecht, das für andere zu tun, was Arthur für Skinner getan hat und was Gott für uns tut. Doch wie können wir nun anderen Menschen zeigen, dass wir an sie glauben?

Gehen Sie zu ihnen. Nichts kann Ihr Erscheinen, Ihre Anwesenheit ersetzen. Nachrichten übers Handy sind nett. Anrufe sind etwas Schönes, aber persönlich zu kommen – das ist die personifizierte Botschaft schlechthin. Glauben Sie an Ihre Kinder? Dann seien Sie da. Kommen Sie zu ihren Spielen und Wettkämpfen. Kommen Sie zu ihren Aufführungen. Vielleicht ist es Ihnen nicht möglich, bei jeder einzelnen Veranstaltung dabei zu sein, aber es ist es bestimmt wert, es wenigstens zu versuchen. Es gibt in meiner Gemeinde einen Ältesten, der mich durch seine Anwesenheit unterstützt. Jedes Mal, wenn ich in unserer Gegend in einer anderen Gemeinde spreche, kommt er. Er tut gar nichts und sagt kaum etwas, sondern setzt sich einfach in eine Reihe und lächelt mich an, wenn wir Blickkontakt haben. Das bedeutet mir sehr viel.

Hören Sie zu. Sie müssen gar nichts sagen, um jemandem Mut zu machen. In der Bibel heißt es: „... seid schnell bereit zuzuhören, aber lasst euch Zeit, ehe ihr redet ..." (Jakobus 1,19). Wir neigen jedoch dazu, viel zu reden und wenig zuzuhören. Es gibt Zeiten, in denen geredet werden muss, aber auch solche, in denen Schweigen angesagt ist.

Mein Vater hat das getan. Einen Ball nicht zu fangen, ist vielleicht für die meisten keine große Sache. Aber wenn man dreizehn ist und davon träumt, Profibaseballer zu werden, dann schon. Es war außerdem nicht nur mein zweiter Fehler in diesem Spiel, sondern auch der Fehler, der der gegnerischen Mannschaft zum Sieg verhalf.

Ich ging gar nicht erst zur Bank zurück, sondern machte in der linken Spielfeldhälfte kehrt, verließ das Feld und kletterte über den Zaun. Als ich schon halb zu Hause war, holte mein Vater mich schließlich ein. Er sagte kein Wort. Er fuhr nur rechts ran, beugte sich über den Beifahrersitz und machte die Tür auf. Wir sprachen kein Wort. Das war auch gar nicht nötig. Wir wussten beide, dass dies das Ende der Welt war. Als wir zu Hause ankamen, ging ich schnurstracks in mein Zimmer und er in die Küche. Kurz darauf stand er mit Milch und Keksen vor mir. Er setzte sich zu mir aufs Bett und wir brachen zusammen das Brot. Irgendwann beim Eintauchen der Kekse wurde mir klar, dass das Leben weitergehen würden. Und dass mein Vater auch dann nicht aufhören würde, mich zu lieben, wenn ich versagte.

In den unausgesprochenen Regeln, denen männliche pubertierende Teenager folgen, steht, dass man, wenn man den Typen, der den Ball fallen gelassen hat, liebt, ihn *wirklich* liebt. Mein Können als Baseballspieler verbesserte sich nicht, aber mein Vertrauen in die Liebe meines Vaters wuchs. Mein Vater sagte kein Wort, aber er war da. Er hörte zu. Und wenn Sie das Beste in anderen hervorbringen wollen, sollten Sie dasselbe tun. Und wenn die richtige Zeit gekommen ist, dann:

Sagen Sie etwas. Der amerikanische Schriftsteller Nathaniel Hawthorne kam völlig niedergeschlagen nach Hause. Er war gerade von seiner Stelle am Zollamt gefeuert worden. Seine Frau reagierte jedoch nicht besorgt, sondern überraschte ihn mit den freudigen Worten: „Dann kannst du ja jetzt endlich dein Buch schreiben!"

Er selbst war nicht so optimistisch. „Und wovon sollen wir leben, während ich schreibe?"

Zu seinem großen Erstaunen öffnete sie eine Schublade und holte ein dickes Geldbündel hervor, das sie sich von ihrem Haushaltsgeld abgespart hatte.

„Ich wusste schon immer, dass du ein Genie bist", entgegnete sie. „Ich wusste schon immer, dass du einmal ein Meisterwerk schreiben wirst."

Sie glaubte an ihren Mann. Und weil sie das tat, schrieb er. Und weil er schrieb, ist heute in jeder amerikanischen Bibliothek eine Ausgabe von *Der scharlachrote Buchstabe* von Nathaniel Hawthorne zu finden.[2]

Sie haben einfach nur durch das, was Sie sagen, die Macht, das Leben eines anderen zu verändern. „... die Zunge kann töten oder Leben spenden" (Sprüche 18,21). Deshalb drängt

Paulus uns aufzupassen, was wir sagen: „Verzichtet auf schlechtes Gerede, sondern was ihr redet, soll für andere gut und aufbauend sein, damit sie im Glauben ermutigt werden" (Epheser 4,29).

Fragen Sie sich, bevor Sie etwas sagen, ob es andere im Glauben weiterbringt. Sie können anderen mit Ihren Worten ermutigen und stärken. Ihre Worte sind für die Seele des anderen das, was Vitamine für den Körper sind. Wenn Sie etwas zu essen hätten und da wäre jemand, der verhungert, würden Sie dann nicht mit ihm teilen? Wenn Sie Wasser hätten und da wäre jemand, der verdurstet, würden Sie ihm dann nicht etwas abgeben? Natürlich würden Sie das tun. Würden Sie dann nicht auch dasselbe für seine oder ihre Seele tun? Ihre Worte sind wie Nahrung und Wasser! Enthalten Sie den Mutlosen nicht Ermutigung vor. Enthalten Sie jenen, die niedergeschlagen und traurig sind, nicht Trost und Bestätigung vor! Sagen Sie Worte, die andere stärker machen. Glauben Sie an diese Menschen so, wie Gott an Sie glaubt.

Vielleicht retten Sie dadurch ja jemandem das Leben.

Arthur hat das getan. Sein Freund Skinner überlebte und beide Männer kehrten nach Mount Carmel zurück. Eines Tages, kurz nach ihrer Rückkehr, besuchte Skinner seinen Freund. Er hatte ein Geschenk dabei. Eine kleine Schachtel. Arthur wusste sofort, was es war. Es war eine exakte Kopie des Ringes. Nach einem lahmen Versuch zu scherzen – „Verlier ihn nicht; er hat mich achtzehn Dollar gekostet" – lächelte er seinen Freund an und sagte: „Dieser Ring hat mir das Leben gerettet, Artie."[3]

Möge irgendjemand das auch einmal zu Ihnen sagen.

Mögen Sie dasselbe auch zu Gott sagen.

Kapitel 16

Helfen Sie Menschen in Not

Was ihr für einen der Geringsten meiner Brüder
und Schwestern getan habt,
das habt ihr für mich getan!

Matthäus 25,40

Am 12. Januar 2007, um 7:51 Uhr, nahm ein junger Musiker in einer U-Bahn-Station in Washington, D. C., an einer Wand seinen Platz ein. Er trug Jeans, ein langärmeliges Shirt und eine Baseballmütze mit dem Emblem der *Washington Nationals*. Er öffnete einen Geigenkoffer, nahm sein Instrument heraus, warf ein paar Scheine und Münzen als Startkapital in den offenen Koffer und begann zu spielen.

Er spielte 43 Minuten lang und trug dabei sechs klassische Stücke vor. In dieser Zeit gingen mehr als eintausend Menschen an ihm vorbei. Sie warfen insgesamt 32,17 Dollar in seinen Geigenkoffer. Von diesen tausend Menschen blieben sieben – nur sieben! – länger als eine Minute stehen. Und von diesen sieben erkannte nur einer – einer! – den Violinisten Joshua Bell.

Drei Tage vor diesem U-Bahn-Auftritt, der von der *Washington Post* inszeniert worden war, hatte Bell den Konzertsaal der Bostoner Symphonie gefüllt, wo schon die Sitzplätze der mittleren Kategorie 100 Dollar kosten. Zwei Wochen nach diesem Experiment spielte er in einem restlos ausverkauften Konzertsaal in Bethesda, Maryland. Mit seinem Talent kann Joshua Bell 1000 Dollar die Minute verlangen. An jenem Tag in der U-Bahn-Station verdiente er gerade mal genug, um sich ein billiges Paar Schuhe zu kaufen.

Und das lag sicher nicht am Instrument. Bell spielte nämlich auf einer Stradivari aus dem goldenen Zeitalter von Stradivaris Schaffen. Sie ist 3,5 Millionen Dollar wert. An der

Musik kann es ebenfalls nicht gelegen haben. Bell spielte ein Werk von Johann Sebastian Bach, das er einmal als „eine der größten menschlichen Errungenschaften überhaupt“ bezeichnet hat.

Doch kaum jemand nahm davon Notiz. Niemand erwartete in einem solchen Umfeld Majestätisches. Zu seiner Rechten der Schuhputzstand, zur Linken ein Kiosk. Die Menschen kauften Zeitschriften, Zeitungen, Schokoriegel und Lottoscheine. Und wer hatte schon Zeit? Es war an einem Werktag. Und es herrschte Berufsverkehr in Washington. Hauptsächlich Regierungsangestellte auf dem Weg zu Haushaltsberatungen und Verwaltungssitzungen. Wer hatte bei dieser Betriebsamkeit schon Zeit, etwas so Schönes zu bemerken? Die wenigsten.[1]

Die meisten von uns werden eines Tages erkennen, dass auch wir keine Zeit hatten. Wir werden vom Himmel aus auf diese Tage zurückschauen – diese hektischen, vollgestopften Tage – und erkennen: *Das war ja Jesus, der da Geige gespielt hat. Das war ja Jesus, der da in dieser abgetragenen Kleidung. Das war ja Jesus dort im Waisenhaus ... im Gefängnis ... in der Wellblechhütte. Der Mensch, der meine Hilfe brauchte, war Jesus.*

Es gibt viele Gründe, um Menschen in Not zu helfen.

„Wohltätigkeit ist gut für die Welt.“

„Wir sitzen alle im gleichen Boot. Wenn wir auf Kurs bleiben, profitieren wir alle davon.“

„Jemand aus der Armut herauszuholen heißt, das Potenzial dieses Menschen freizusetzen und ihm zu helfen, ein Forscher, Lehrer oder Arzt zu werden.“

„Wenn es weniger Armut und Krankheit gibt, wird es auch

weniger Kriege und Gräueltaten geben. Gesunde, glückliche Menschen tun einander nichts zuleide."

Für Mitgefühl gibt es Dutzende Gründe.

Aber für Christen gibt es keinen wichtigeren Grund als diesen: Wenn wir die Bedürftigen lieben, lieben wir Jesus. Dies ist ein Geheimnis, das wissenschaftlich nicht zu beweisen, und eine Wahrheit, die statistisch nicht zu belegen ist. Doch Jesus ließ daran keinen Zweifel: Wenn wir diese Menschen lieben, lieben wir ihn.

Das war auch das Thema seiner letzten Predigt. Die Botschaft, die er sich bis zum Schluss aufgehoben hat. Er muss gewollt haben, dass sich uns dieser Punkt tief einprägt. Er beschrieb das Szenario des Jüngsten Gerichts – der große Tag, wenn Gott sein Urteil über die Menschen fällt. An diesem Tag wird Jesus einen Befehl erteilen, dem sich niemand wird widersetzen können. Alle werden sie kommen. Aus gesunkenen Schiffen und von längst vergessenen Friedhöfen werden sie kommen. Aus Königsgräbern und grasbewachsenen Schlachtfeldern werden sie kommen. Angefangen bei Abel, dem ersten Menschen, der starb, bis hin zu der Person, die gerade beerdigt wird – wenn Jesus ruft, wird jeder Mensch, der jemals gelebt hat, herbeieilen.

Auch alle Engel werden da sein. Das gesamte himmlische Universum wird diesem Ereignis beiwohnen. Eine atemberaubenden Aufteilung der Menschheit. Irgendwann wird Jesus „sie trennen, so wie ein Hirte die Schafe von den Ziegen trennt" (Matthäus 25,32). So machen das die Hirten eben: Sie gehen durch die Herde und dirigieren dann mit ihrem Stab die Ziegen auf die eine und die Schafe auf die andere Seite.

Sehr anschaulich diese Vorstellung, wie der gute Hirte durch die Herde der Menschheit schreitet. Sie. Ich. Unsere Eltern und Kinder.

„Max, da rüber."

„Roland, dort hin."

„Maria, auf diese Seite."

Wie soll man sich diesen Moment ausmalen, ohne dass plötzlich die drängende Frage im Raum steht: Nach welchen Kriterien trifft er seine Entscheidung? Wonach teilt Jesus die Menschen ein?

Jesus gibt uns die Antwort. Diejenigen auf der rechten Seite – die Schafe – werden die sein, die ihm zu essen gegeben haben, als er hungrig war, die ihm Wasser gebracht haben, als er durstig war, die ihm Unterkunft gewährt haben, als er einsam war, die ihm Kleidung geschenkt haben, als er nackt war, und ihn getröstet haben, als er krank oder im Gefängnis war. Die Geretteten zeichnen sich durch ihre Fürsorge für Notleidende aus. Ihr Mitgefühl rettet sie zwar nicht – und uns auch nicht. Die Errettung ist das Werk von Jesus. Doch ihr Mitgefühl ist die Folge ihrer Errettung.

Die Schafe werden aufrichtig wissen wollen: „Wann? Wann haben wir dir etwas zu essen gegeben, dich besucht, dir Kleidung gegeben oder dich getröstet?" (nach den Versen 34–39).

Die Antwort von Jesus wird in etwa folgendermaßen lauten: „Weißt du noch, als du aus der U-Bahn gestiegen bist? Es war ein frostiger Morgen. Die Pendlermassen hatten es eilig und waren in Gedanken schon im Büro. Du auch, wie du dich vielleicht erinnerst. Aber dann hast du mich gesehen. Ja, das war ich! Ich stand zwischen dem Bäckerkiosk und dem Zeitungsstand. Ich trug eine Baseballkappe und einen Schal und spielte Geige. Die Menge ist vorbeigeströmt, als wäre ich bloß ein Kunststoffpflanze, die dort zu dekorativen Zwecken steht. Aber du bist stehen geblieben. Ich konnte sehen, dass du es eilig hattest. Du hast zweimal auf die Uhr geschaut. Aber trotzdem bist du stehen geblieben und hast an mich gedacht. Du bist zum Bäckerkiosk gegangen und hast mir einen Becher Kaffee gekauft und mir gebracht. Ich möchte, dass du weißt, dass ich das nie vergessen habe."

Jesus wird alle unsere freundlichen Taten aufzählen, eine nach der anderen. Jede Tat, die das Leben einer anderen Person ein wenig leichter machte. Selbst die kleinsten Dinge. Im Grunde wirken sie alle klein. Jemandem Wasser geben. Etwas zu essen anbieten. Kleidung verschenken. Wie Johannes von Antiochia schon sagte: „Es heißt nicht: ‚Ich war krank und du hast mich *geheilt*', oder: ‚Ich war im Gefängnis und du hast mich *befreit*.'"[2] Gute Taten sind oft nur einfache Dinge. Und doch dienen wir mit diesen einfachen Dingen Jesus. Eine erstaunliche Tatsache: Wir dienen Christus, indem wir bedürftigen Menschen dienen.

Die Gemeinde in Jerusalem hatte das verstanden. Wie sonst sollen wir uns ihre explosionsartige Verbreitung auf der ganzen Welt erklären? Wir haben nur einige ihrer Geschichten betrachtet. Was an Pfingsten mit 120 Jüngern begann, breitete sich in jeden Winkel der Erde aus. Antiochien. Korinth. Ephesus. Rom. Die Apostelgeschichte ist, anders als andere Bücher des Neuen Testaments, nicht abgeschlossen. Das liegt daran, dass der Auftrag noch nicht vollendet ist.

Vor vielen Jahren hörte ich einmal eine Frau über diesen Auftrag sprechen. Sie besuchte 1979 eine katholische Kirche in der Innenstadt von Miami. Die kleine Kirche quoll schier über; so viele Menschen waren gekommen. Ich war überrascht. Man hatte keine Werbung für diese Veranstaltung gemacht. Ich hatte zufällig von einem Freund von diesem Mittagspausenvortrag erfahren. Weil ich nur ein paar Straßen von dieser Gemeinde entfernt wohnte, war ich ein paar Minuten früher gekommen, in der Hoffnung, einen Platz in der ersten Reihe zu ergattern. Ich hätte *zwei Stunden* früher kommen sollen. Jede Sitzbank und jeder Gang waren brechend voll. Einige saßen sogar auf den Fensterbänken. Ich fand ganz hinten an der Wand einen Stehplatz und wartete. Ich weiß nicht, ob die Klimaanlage kaputt war oder ob schlicht keine vorhanden war, jedenfalls standen die Fenster offen, und die Luft war stickig. Das Publikum unterhielt sich angeregt und war unruhig. Doch als *sie* hereinkam, trat Ruhe ein.

Keine Musik. Keine lange Einführung. Keine Lobesrede von höherer Stelle. Kein Gefolge. Nur drei oder vier jüngere Ausgaben ihrer selbst, der Gemeindepriester und sie.

Der Geistliche sprach einen kurzen Willkommensgruß und meinte scherzhaft, er sollte wohl lieber einen Getränkekasten hinter das Rednerpult stellen, damit wir die Gastrednerin auch sehen konnten. Allerdings war das kein Witz. Er stellte tatsächlich einen Kasten hin, sie stellte sich darauf, und dann schaute sie uns mit ihren blauen Augen an. Was für ein Gesicht! Tiefe Furchen rund um ihren Mund. Ihre Nase war länger, als es den meisten Frauen lieb wäre. Die Lippen dünn, wie mit einem Bleistift gezogen, und ein Lächeln bar jeder Affektiertheit.

Sie trug den für sie typischen weißen indischen Sari mit den drei blauen Bordüren, die Ordenstracht der „Missionarinnen der Nächstenliebe", des von ihr 1950 gegründeten Ordens. Ihre 69 Jahre hatten ihre ohnehin schon kleine Gestalt noch mehr gebeugt. Doch an Mutter Teresas Auftreten war nichts Kleines.

„Gebt mir eure ungeborenen Kinder", bot sie an. (Waren das ihre ersten Worte oder lediglich die, die sich mir am tiefsten eingeprägt haben? Ich weiß es nicht.) „Treibt sie nicht ab. Wenn ihr sie nicht aufziehen könnt, werde ich es tun. Sie sind Gott sehr wichtig."

Wer hätte je gedacht, dass diese zierliche Frau aus Albanien einmal die Welt verändern würde? Geboren in einem ethnischen Schmelztiegel. Scheu und introvertiert als Kind. Eine schwache Konstitution. Eines von drei Kindern. Tochter eines großzügigen, aber nicht weiter bemerkenswerten Geschäftsmannes. Doch irgendwann im Laufe ihres Lebens gelangte sie zu der Überzeugung, dass Jesus „in der schrecklichen Verkleidung der Armen" auf der Erde wandelte, und sie machte sich daran, ihn zu lieben, indem sie die Armen liebte. 1989 erzählte sie einem Journalisten, dass ihre Missionarinnen der Nächstenliebe rund 54 000 Menschen in den Straßen von Kalkutta aufgelesen und rund 23 000 davon beim Sterben begleitet hätten.[3]

Ich frage mich, ob Gott Menschen wie Mutter Teresa erschafft, um zu unterstreichen: „Seht ihr, ihr könnt etwas tun, das über euer Leben hinaus Bestand haben wird."

Es gibt Milliarden von Gründen, sich diese Herausforderung zu Herzen zu nehmen. Manche davon leben in Ihrer Nachbarschaft; andere leben in Urwäldern, die Sie auf der Landkarte wahrscheinlich nicht finden werden, und haben Namen, die Sie nicht aussprechen können. Manche von ihnen leben in Slums aus Wellblechhütten, andere verkaufen ihren Körper auf der Straße. Manche müssen drei Stunden zu Fuß gehen, um sauberes Wasser zu schöpfen, oder warten den ganzen Tag auf eine Injektion mit Penizillin. Manche von ihnen haben sich ihre missliche Lage selbst zuzuschreiben, andere haben ihre Not gewissermaßen von ihren Eltern „geerbt".

Niemand kann allen Menschen helfen. Doch jeder kann irgendjemandem helfen. Und wenn wir dieser einen Person helfen, dienen wir Jesus.

Wer möchte schon eine solche Gelegenheit verpassen?

„Dann wird der König zu denen auf seiner rechten Seite sagen: ‚Kommt, ihr seid von meinem Vater gesegnet, ihr sollt das Reich Gottes erben, das seit der Erschaffung der Welt auf euch wartet. Denn ich war hungrig, und ihr habt mir zu essen gegeben. Ich war durstig, und ihr gabt mir zu trinken. Ich war ein Fremder, und ihr habt mich in euer Haus eingeladen. Ich war nackt, und ihr habt mich gekleidet. Ich war krank, und ihr habt mich gepflegt. Ich war im Gefängnis, und ihr habt mich besucht.'"

Matthäus 25,34–36

O Herr, wo habe ich dich gestern gesehen … und nicht erkannt? Wo werde ich dir heute begegnen … und dich wieder nicht erkennen? O Vater, gib mir Augen, die sehen, ein Herz, das antwortet, und Hände und Füße, um dir zu dienen, wo auch immer du mir begegnest! Herr, verwandle mich durch deinen Heiligen Geist in einen Diener Christi, der Freude daran hat, anderen Menschen zu helfen. Mach aus mir ein Aushängeschild deiner Gnade, ein lebendiges Beispiel dafür, wie groß dein Mitgefühl ist. Ich möchte dich eines Tages sagen hören: „Gut gemacht, mein guter und treuer Knecht." Und ich bete, dass ich *heute* ein solcher Diener bin. In Jesu Namen bete ich, amen.

Kapitel 17

Machen Sie die Welt ein Stückchen besser

Ich habe den guten Kampf gekämpft,
den Lauf vollendet und bin im Glauben
treu geblieben.

2. Timotheus 4,7

Ungünstige Winde treiben das Schiff vom Kurs ab und dabei entdecken die Seeleute bislang unerforschte Inseln. Ein halbes Dutzend Berge erhebt sich aus den blauen Wassern der Südsee. Der Kapitän befiehlt seinen Männern, den Anker zu werfen, und lässt sich an Land rudern. Er ist ein kräftiger Kerl mit breiter Brust, Vollbart und großer Entdeckerfreude.

Auf der ersten Insel begegnet ihm nichts als Traurigkeit. Unterernährte Kinder. Verfeindete Stämme. Es gibt keinen Ackerbau, keine medizinische Versorgung für die Kranken, keine Schulen. Nur einfache Menschen, die kaum das Nötigste zum Leben haben.

Auf der zweiten und den nachfolgenden Inseln bietet sich ihm das gleiche Bild. Dem Kapitän tut der Anblick in der Seele weh. „Das ist doch kein Leben!" Aber was soll er tun?

Dann betritt er die letzte und größte Insel. Die Menschen dort sind gesund und wohlgenährt. Bewässerungssysteme machen ihre Felder fruchtbar und Straßen verbinden die Dörfer. Die Kinder haben leuchtende Augen und sind kräftig. Der Kapitän erkundigt sich beim Häuptling nach dem Grund dafür. Wie kommt es, dass diese Insel den anderen so weit voraus ist?

Der Stammesälteste, der von etwas kleinerer Statur ist als der Kapitän, diesem aber an Selbstbewusstsein in nichts nachsteht, antwortet, ohne zu zögern: „Vater Benjamin. Er hat uns alles beigebracht, von der Landwirtschaft bis zur

Gesundheitsaufklärung. Er hat Schulen und Krankenhäuser gebaut und Brunnen gegraben."

Der Kapitän fragt: „Könnt ihr mich zu ihm bringen?"

Der Stammesälteste nickt und bedeutet zwei Männern, ihn zu begleiten. Sie führen den Kapitän über einen bewaldeten Gebirgsrücken zu einem schlichten, aber weitläufigen Krankenhaus. Dort gibt es saubere Betten und ausgebildete Pflegekräfte. Sie zeigen dem Kapitän die mit Medikamenten gefüllten Regale und stellen ihm die Mitarbeiter vor.

Der Kapitän ist zwar beeindruckt, doch von Vater Benjamin keine Spur. Er wiederholt seine Bitte: „Ich würde gern Vater Benjamin kennenlernen. Könnt ihr mich dorthin bringen, wo er lebt?"

Die drei Einheimischen sehen verwirrt aus. Sie beraten sich miteinander. Nach einigen Minuten schlägt der Stammesälteste vor: „Folge uns zur anderen Seite der Insel." Sie gehen an der Küste entlang, bis sie zu einer Anlage von Fischteichen gelangen. Die Teiche sind über Kanäle mit dem offenen Meer verbunden. Bei steigender Flut werden die Fische durch die Kanäle in die Teiche gespült. Dann lassen die Insulaner Kanalwehre herunter und fangen so die Meerestiere.

Wieder ist der Kapitän erstaunt. Er trifft Fischer und Arbeiter und Wehrwärter und Netzeauswerfer. Aber Vater Benjamin sieht er nicht. Er fragt sich, ob er sich vielleicht nicht verständlich genug ausgedrückt hat.

„Ich kann Vater Benjamin nirgends entdecken. Bitte bringt mich zu ihm."

Die drei beraten sich wieder miteinander. Nach einer kurzen Diskussion bietet der Stammesälteste an: „Lasst uns auf den Berg steigen.“ Sie führen den Kapitän einen schmalen, steilen Pfad hinauf. Nach vielen Biegungen führt dieser sie schließlich zu einer grasbedeckten Kapelle. Die Stimme des Ältesten ist sanft und feierlich. „Er hat uns von Gott erzählt.“

Er begleitet den Kapitän ins Innere und zeigt ihm den Altar, ein großes Holzkreuz, einige Reihen von Kirchenbänken und eine Bibel.

„Lebt Vater Benjamin hier?“, fragt der Kapitän.

Die Männer nicken lächelnd.

„Kann ich ihn sprechen?“

Plötzlich werden ihre Mienen ernst. „O, das ist nicht möglich.“

„Warum nicht?“

„Er ist vor vielen Jahren gestorben.“

Der Kapitän starrt die Männer verwirrt an. „Ich habe doch darum gebeten, ihn zu sehen, und ihr habt mir ein Krankenhaus, eine Fischfangstation und diese Kapelle gezeigt. Doch es war nie davon die Rede, dass er schon tot ist.“

„Du hast nicht nach seinem Tod gefragt“, erklärt ihm der Stammesälteste. „Du wolltest sehen, wo er lebt. Und genau das haben wir dir gezeigt.“

Teil V

Verlieren Sie nie die Ewigkeit aus dem Blick

Ich verbrachte einmal eine Stunde in der U-Bahn, die mir aber wie eine gefühlte Ewigkeit vorkam. Gemeinsam mit etwa einem Dutzend weiterer Passagiere stieg ich in einem Vorort von São Paulo in den Zug. Es war schon beinahe Mitternacht, der Bahnhof war verlassen, und wir wollten einfach nur sicher nach Hause kommen.

Das taten wir schließlich auch. Aber erst nachdem der Zug – aus mir bis heute unbekannten Gründen – plötzlich in einem Tunnel zum Stehen kam. Die Lichter gingen aus. Die Maschinen standen still. Und ein Waggon voller wildfremder Menschen saß in der Finsternis eines U-Bahn-Tunnels fest.

Sie können sich sicher vorstellen, wie es uns ging. Einige stöhnten auf. Ein junger Mann, der neben seiner Freundin saß, machte einen Witz. Ein anderer Pendler meinte frustriert: „Das passiert jedes Mal, wenn ich diesen Zug nehme."

Wir rechneten alle damit, dass die Maschinen bald wieder starten und die Lichter wieder angehen würden. Als das nicht geschah, begannen wir, uns Sorgen zu machen. Zumindest ich. Ich war mit einer Gruppe wildfremder Menschen in einem engen Raum unter der Erde gefangen. Vorsichtshalber tastete ich nach meiner Brieftasche, hielt den Atem an und nahm mir vor, das nächste Mal mit dem Bus zu fahren.

Niemand sitzt gern in der Dunkelheit oder einem Tunnel fest, vor allem dann nicht, wenn er keine Verbindung zur Außenwelt hat. Aber genau so fühlen sich Millionen von Menschen – sie haben Angst festzustecken.

Ihre Welt ist wie diese stehen gebliebene U-Bahn: Sie fährt nirgends hin und der Schaffner meldet sich nicht. Und ich glaube, genauso fühlt sich auch das Leben an, wenn man nicht die Aussicht auf den Himmel hat.

Ein Leben ohne diese Hoffnung auf den Himmel ist wie ein Tunnel, an dessen Ende kein Licht leuchtet. Man hat keine Hoffnung, am Ende der Fahrt aussteigen zu können. Es erwartet einen kein Zuhause am Ende der Reise. Bei einem Leben ohne den Himmel meißelt man am Ende eine Inschrift in den Grabstein wie die, die ich auf einem britischen Friedhof entdeckt habe: „Ich war nichts. Ich bin nichts. So sollt ihr, die ihr noch seid, leben, essen, trinken und fröhlich sein."

Wenn man ohne diese Hoffnung auf den Himmel lebt, hat man das Gefühl festzustecken. Eine Gesellschaft ohne den Himmel führt zu Chaos. Jesus erzählt bei einer Gelegenheit die Geschichte von zwei Dienern. Der erste ist davon überzeugt, dass sein Herr zurückkommen wird; der zweite geht davon aus, dass er es nicht tun wird. Der Diener, der die Rückkehr seines Herrn erwartet, hält das Haus in Ordnung. Der zweite beginnt jedoch, „die anderen Diener schlecht zu behandeln, und Trinkgelage [zu veranstalten]" (Matthäus 24,49). Wer nicht damit rechnet, dass Jesus Christus einmal zurückkehren wird und dass der Tod nicht das Ende ist, sieht nicht zwingend eine Notwendigkeit, sich gut zu verhalten. Was wiederum dazu führt, dass wir dann uns selbst und anderen wehtun.

Deshalb zieht sich auch die Lehre von der Endzeit durch die gesamte Bibel. Jesus hat nicht nur gelegentlich oder beiläufig vom Himmel gesprochen. Tatsächlich beziehen sich zwei Drittel seiner Gleichnisse auf die Auferstehung und das

Leben nach dem Tod. Es war ihm wichtig, dass wir wissen, dass dieser Zug eine Endstation erreichen wird. Alles wird anders, wenn wir wissen, dass wir auf ein Ziel zusteuern.

Alles wurde anders, als wir merkten, dass auch unsere U-Bahn auf ihr Ziel zusteuern würde.

„Bleiben Sie bitte auf Ihren Sitzen", ertönte irgendwann eine Stimme über den knackenden Lautsprecher. „Wir werden die Fahrt in wenigen Augenblicken fortsetzen." Wir blieben sitzen und fuhren auch tatsächlich bald weiter. Die Lichter flackerten, die Maschinen liefen an, und mit einem Ruck fuhren wir genauso plötzlich weiter, wie wir stehen geblieben waren. Wir seufzten erleichtert auf, lächelten einander an und waren dankbar, dass es weiterging.

Glücklich sind die, die auf dem Weg nach Hause sind.

Kapitel 18

Ziehen Sie keine voreiligen Schlüsse

Alles, was ich jetzt weiß, ist unvollständig;
dann aber werde ich alles erkennen,
so wie Gott mich jetzt schon kennt.
1. Korinther 13,12

Würden Sie ein Haus kaufen, wenn Sie sich vorher nur ein einziges Zimmer anschauen könnten? Würden Sie ein Auto kaufen, wenn man Ihnen nur die Reifen und ein Rücklicht zeigen würde? Würden Sie über ein Buch urteilen, wenn Sie nur einen Absatz davon gelesen hätten?

Ich auch nicht.

Wenn man ein gutes Urteil fällen will, braucht man umfassendere Informationen. Das trifft nicht nur auf den Kauf von Häusern, Autos und Büchern zu; es trifft auch zu, wenn man das Leben bewerten will. Genauso wenig, wie ein Fehler jemanden gleich zu einem Versager macht, macht eine gute Leistung ihn gleich zu einem erfolgreichen Menschen.

„Das Ende einer Sache ist besser als ihr Anfang“[1], schrieb der Prediger.

„Seid … geduldig in Trübsal“[2], wiederholte auch der Apostel Paulus.

„Kann man eine Aussage verstehen, wenn man nur ein Wort daraus kennt?“, meinte der Holzfäller.

Der Holzfäller? Oh, den kennen Sie wahrscheinlich noch gar nicht. Darf ich ihn Ihnen vorstellen?

Ich habe ihn in Brasilien kennengelernt. Eine Freundin, die wusste, dass mein Geduldsfaden kurz davor war zu reißen, stellte ihn mir vor. Denalyn und ich hatten zu diesem Zeitpunkt die ersten sechs Monate eines fünfjährigen Einsatzes in Brasilien hinter uns und ich war frustriert. Meine Faszination für Rio de Janeiro hatte sich in Verzweiflung verwandelt, weil ich Probleme mit der Sprache hatte und die Kultur nicht verstand.

„Tenha paciência“, sagte Maria immer wieder. „Hab Geduld.“ Sie war meine Portugiesischlehrerin. Aber vor allem war sie eine ruhige Stimme in einem tosenden Sturm. Mit mütterlicher Hartnäckigkeit korrigierte sie meine Aussprache und half mir, ihr Heimatland lieben zu lernen.

In einer besonders frustrierenden Woche – wir versuchten gerade, unsere Habseligkeiten durch den Zoll zu kriegen (was letztlich drei Monate dauerte) – gab sie mir einmal die Aufgabe, die folgende Geschichte zu lesen. Das war für meine innere Einstellung allerdings weitaus förderlicher als für meine Portugiesischkenntnisse.

Bei der Geschichte handelt es sich im Grunde nur um eine einfache Parabel. Dennoch enthält sie eine tiefgründige Botschaft für diejenigen unter uns, die das ganze Leben nach nur einem Tag beurteilen wollen. Ich habe sie auch nicht weiter ausgeschmückt, sondern nur übersetzt. Ich hoffe, dass sie Sie genauso wie mich daran erinnert, dass Geduld eine der wichtigsten Tugenden ist.

In einem kleinen Dorf lebte einmal ein alter Mann. Obwohl er arm war, wurde er doch von allen beneidet, denn er besaß einen wunderschönen Schimmel. Selbst der König begehrte diesen wertvollen Schatz. Niemand hatte je zuvor ein so wunderschönes Pferd gesehen – so stattlich, so majestätisch und so stark.

Die Menschen boten sagenhafte Preise für das Tier, aber der alte Mann lehnte immer ab. „Dieses Pferd ist für mich nicht nur Pferd“, antwortete er ihnen. „Es ist eine Person.

Und wie kann man denn einen Menschen verkaufen? Es ist ein Freund, kein Besitz. Wie kann man denn einen Freund verkaufen?" Obwohl der Mann arm und die Versuchung groß war, verkaufte er das Pferd niemals.

Doch eines Morgens stellte er fest, dass das Pferd nicht länger in seinem Stall stand. Die Bewohner des Dorfes liefen zusammen. „Du alter Narr", verhöhnten sie ihn, „wir hatten dir doch gesagt, dass jemand das Pferd stehlen würde. Wir hatten dich davor gewarnt, dass man dich berauben würde. Du bist so arm. Wie konntest du dir da nur einbilden, du könntest so ein kostbares Tier beschützen? Es wäre besser gewesen, du hättest es verkauft. Du hättest jeden Preis dafür verlangen können. Kein Preis wäre zu hoch gewesen. Jetzt ist das Pferd weg. Du bist einfach vom Pech verfolgt."

Der alte Mann erwiderte: „Redet nicht vorschnell. Ja, das Pferd steht nicht im Stall – mehr wissen wir aber nicht. Alles andere ist Spekulation. Woher wollt ihr wissen, dass ich in Zukunft vom Pech verfolgt sein werde? Wie könnt ihr das beurteilen?"

Die Leute widersprachen ihm. „Wir sind doch keine Narren! Schon allein die Tatsache, dass dein Pferd weg ist, ist ein Zeichen für dein Unglück."

„Ich weiß nur, dass der Stall leer und das Pferd weg ist", entgegnete der alte Mann ein weiteres Mal. „Mehr weiß ich nicht. Ob das nun ein Unglück oder ein Segen ist, kann ich noch nicht sagen. Wir kennen nur einen Bruchteil der Wahrheit. Wer weiß schon, was als Nächstes geschieht?"

Die Dorfbewohner lachten ihn aus. Sie hielten den Mann für verrückt. Im Grunde hatten sie ihn auch schon vorher für einen Narren gehalten, da er sich geweigert hatte, das Pferd zu verkaufen und von dem Geld ein gutes Leben zu führen. Stattdessen war er nur ein armer Holzfäller, ein alter Mann, der im Wald Feuerholz schlagen und es verkaufen musste. Er lebte in erbärmlicher Armut. Und jetzt hatte er bewiesen, dass er in der Tat ein Narr war.

Nach fünfzehn Tagen kehrte das Pferd zurück. Es war nicht gestohlen worden; es war in den Wald davongelaufen. Und es brachte bei seiner Rückkehr sogar noch ein Dutzend wilder Pferde mit.

Wieder versammelten sich die Dorfbewohner um den Holzfäller und sagten: „Alter Mann, du hattest recht und wir waren im Unrecht. Was wir für ein Unglück hielten, war in Wirklichkeit ein Segen. Bitte vergib uns."

Der Mann erwiderte: „Ihr greift schon wieder zu kurz. Im Moment könnt ihr nur sagen, dass das Pferd zurück ist und dass ein Dutzend Pferde gemeinsam mit ihm gekommen sind. Woher wollt ihr wissen, ob das ein Segen ist? Ihr kennt nur einen Bruchteil der Wahrheit. Wie wollt ihr die Situation beurteilen, wenn ihr nicht die ganze Geschichte kennt? Kann man ein Buch beurteilen, wenn man nur eine Seite davon gelesen hat? Kann man eine Aussage verstehen, wenn man nur ein Wort daraus kennt?

Das Leben ist so viel mehr, so viel komplexer, und doch beurteilt ihr das gesamte Leben nach nur einer Seite oder einem Wort. Ihr kennt doch nur einen Bruchteil davon! Sagt deshalb nicht, dass das ein Segen sei. Das kann niemand wissen. Ich bin mit dem zufrieden, was ich weiß, und lasse mich nicht von dem beunruhigen, was ich nicht weiß."

„Vielleicht hat der alte Mann recht", meinten sie zueinander. Also sagten sie nur wenig. Aber tief in ihrem Inneren wussten

sie, dass er sich irrte. Sie wussten, dass die Wildpferde ein Segen waren. Mit ein wenig Einsatz konnte man die Pferde zureiten und ausbilden und für viel Geld verkaufen.

Der alte Mann hatte einen einzigen Sohn. Der junge Mann begann damit, die Pferde zuzureiten. Doch nach einigen Tagen fiel er von einem der Tiere und brach sich beide Beine. Und wieder versammelten sich die Dorfbewohner um den alten Mann und gaben ein Urteil über seine Situation ab.

„Du hattest recht", sagten sie. „Du hast bewiesen, dass du recht hast. Die Pferde waren kein Segen. Sie waren dein Verhängnis. Dein einziger Sohn hat sich die Beine gebrochen, und jetzt hast du im Alter niemanden, der dir helfen kann. Jetzt bist du noch ärmer dran als zuvor."

Und wieder entgegnete der alte Mann: „Warum versucht ihr immer, die Situation zu beurteilen? Das solltet ihr nicht tun. Fest steht nur, dass mein Sohn sich die Beine gebrochen hat. Wer weiß schon, ob sich das am Ende als Unglück oder Segen entpuppen wird? Das weiß niemand. Wir sehen nur einen Bruchteil der Wahrheit, weil wir das Leben immer nur einen Tag nach dem anderen leben müssen."

Wenige Wochen darauf brach ein Krieg zwischen diesem Land und einem Nachbarland aus. Die jungen Männer des Dorfes wurden zur Armee eingezogen. Nur der Sohn des alten Mannes war davon ausgenommen, weil er verletzt war. Und ein weiteres Mal versammelten sich die Dorfbewohner um den alten Mann. Sie weinten und schrien, weil man ihnen ihre Söhne genommen hatte. Sie hatten keine Hoffnung, dass sie je zurückkehren würden. Der Feind war stark und die Armee stand auf verlorenem Posten. Sie würden ihre Söhne nie wiedersehen.

„Du hattest recht, alter Mann", klagten sie. „Bei Gott, du hattest recht. Das beweist es. Der Unfall deines Sohnes war ein Segen. Er hat sich zwar die Beine gebrochen, aber er ist wenigstens noch bei dir. Unsere Söhne sind für immer weg."

Der alte Mann entgegnete: „Man kann unmöglich mit euch reden. Ihr zieht immer irgendwelche Schlüsse. Niemand kennt die ganze Wahrheit. Ihr könnt nur eines sicher wissen: Eure Söhne mussten in den Krieg ziehen und meiner nicht. Niemand weiß, ob das letzten Endes ein Segen oder ein Unglück ist. Niemand ist so weise, das zu wissen. Das weiß nur Gott."

Der alte Mann hatte recht. Wir sehen nur Bruchstücke der Wahrheit. All die schlimmen Dinge, die wir erleben, sind gewissermaßen nur eine einzelne Seite eines viel dicken Buches. Deshalb sollten wir keine voreiligen Schlüsse ziehen. Wir sollten die Stürme des Lebens erst beurteilen, wenn wir die ganze Geschichte kennen.

Ich weiß nicht, wo der Holzfäller Geduld gelernt hat. Vielleicht ja bei einem Mann aus Galiläa, der ebenfalls mit Holz gearbeitet hat. Dieser Zimmermann hat es wahrscheinlich am besten in Worte gefasst: „Deshalb sorgt euch nicht um morgen, denn jeder Tag bringt seine eigenen Belastungen. Die Sorgen von heute sind für heute genug."[3]

Und er muss es schließlich wissen. Er ist der Reiseführer auf unserer Lebensreise und der Autor unserer Lebensgeschichte. Und er hat den richtigen Weg bereits festgelegt und das letzte Kapitel schon geschrieben.

Kapitel 19

Halten Sie fest, was Jesus für Sie getan hat

Und der Geist des Herrn wirkt in uns,
sodass wir ihm immer ähnlicher werden und
immer stärker seine Herrlichkeit widerspiegeln.
2. Korinther 3,18

Willkommen im „Museum des Neuanfangs". In dieser Galerie sind die Porträts der Menschen ausgestellt, die einen Neuanfang machen durften. Sie ist ein Gebäude wiedergewonnener Hoffnungen. Eine Sammlung neuer Träume.

Eine Ausstellung zweiter Chancen.

Wäre es nicht fantastisch, tatsächlich einmal eine solche Ausstellung besuchen zu können? Wäre es nicht großartig, durch eine solche Sammlung schlendern zu können? Wie wäre es, eine lange Reihe von Gemälden zu betrachten, auf denen dargestellt wird, wie Gott Menschen an ihrem Tiefpunkt begegnet und ihnen hilft, von vorn anzufangen? Nicht nur biblische Gestalten, sondern Menschen aus der heutigen Zeit, Menschen wie Sie selbst. Menschen aus Ihrer Generation, aus Ihrer Welt?

Und was wäre, wenn diese Galerie nicht nur die Geschichten jener Menschen enthielte, sondern auch Ihre und meine? Wie wäre es, wenn es einen Ort gäbe, an dem wir unsere Erfahrungsbilder von „Vorher" und „Nachher" ausstellen könnten?

Vielleicht gibt es ja tatsächlich einen solchen Ort. Ich habe da eine Idee, wie man eine solche Galerie gestalten könnte. Es mag vielleicht ein bisschen weit hergeholt erscheinen, aber ich glaube, die Idee ist nicht schlecht.

Doch bevor ich davon erzähle, müssen wir noch eine letzte Frage klären. Eine entscheidende Frage. Die Bibel ist voller Berichte darüber, wie Gott Menschen in verzweifelten Situationen begegnet. Können Sie mir sagen, warum diese Berichte in der Bibel stehen? Warum enthalten die Evangelien viele Erlebnisse von solchen Personen? Warum ist sie voll von hoffnungslosen Menschen? Auch wenn ihre jeweilige Situation unterschiedlich aussieht, der innere Zustand ist doch immer derselbe: Sie sitzen in der Klemme. Sie sind einsam. Sie werden abgelehnt. Sie wissen nicht, wohin sie sich wenden sollen. Auf ihren Lippen ein verzweifeltes Gebet. In ihrem Herzen zerbrochene Träume. Sie wissen nicht weiter.

Und noch einmal stelle ich die Frage: Warum finden wir diese Porträts in der Bibel? Warum gibt es diese Galerie? Warum hat Gott uns reihenweise Geschichten von wiedergewonnener Hoffnung und neuen Träumen hinterlassen? Damit wir für die Vergangenheit dankbar sind? Damit wir staunend auf das zurückblicken können, was Jesus getan hat?

Nein. Nein und noch mal nein. Der Sinn dieser Geschichten besteht nicht darin, uns zu berichten, was Jesus getan *hat*. Ihr Sinn besteht darin, uns zu berichten, was Jesus *tut*.

„Dies wurde vor langer Zeit aufgeschrieben, damit wir daraus lernen", erklärte Paulus in seinem Brief an die Gemeinde in Rom. „Es soll uns Hoffnung geben und ermutigen, sodass wir geduldig auf das warten, was Gott in der Schrift versprochen hat" (Römer 15,4).

Die Berichte in der Bibel sind nicht nur schöne Geschichten für die Sonntagsschule. Es sind keine romantischen Märchen und keine Fantasien von Luftschlössern. Es sind historische Ereignisse, in denen ein realer Gott realem Leid abgeholfen hat, damit wir eine Antwort auf die Frage haben: „Wo ist Gott, wenn ich leide?"

Wie reagiert Gott auf zerschlagene Hoffnungen? Lesen Sie die Geschichte von Jaïrus. Was empfindet der Vater, wenn er Kranke sieht? Gehen Sie mit ihm an den Teich von Bethesda. Sehnen Sie sich danach, dass Gott in Ihre zerbrochenen Träume hineinspricht? Dann lauschen Sie dem, was er zu den beiden Jüngern auf dem Weg nach Emmaus sagt. Was sagt Gott zu denen, die sich schämen? Schauen Sie ihm zu, wenn er im Vorhof des Jerusalemer Tempels mit dem Finger in den Sand schreibt.

Er hat das nicht nur für diese Menschen getan. Er tut es auch für mich. Und er tut es auch für Sie.

Und das führt uns zu einer noch leeren Wand in unserer Ausstellungshalle – einer Wand, die für Ihre Bilder reserviert ist. Eines Tages werden Sie Ihre Reise beendet haben. Stellen Sie sich vor, wie Sie dann den Pinsel in die Hand nehmen, vor den Leinwänden stehen, auf denen Ihr Name steht, und Ihre Bilder malen.

Es muss aber auch nicht unbedingt mit Ölfarbe auf einer Leinwand sein. Es könnte auch mit Bleistift auf einem Blatt Papier sein, mit Worten auf einem Computer, in eine Skulptur aus Ton oder in einem Lied. Es ist unwichtig, auf welchem Weg Sie es machen, aber ich möchte Sie einladen, es in irgendeiner Form zu tun. Halten Sie das Schauspiel Ihres Lebens fest. Erzählen Sie Ihre Geschichte. Zeichnen Sie Ihre Lebensreise nach.

Fangen Sie mit dem „Vorher" an. Wie war es damals vor Ihrem Neuanfang? Können Sie sich noch daran erinnern? Vielleicht liegt es ja schon Jahrzehnte zurück. Vielleicht war es aber auch erst gestern. Vielleicht kannten Sie Jesus damals ja schon. Vielleicht waren Sie ihm aber auch noch nie begegnet. Darauf kommt es nicht an. Wichtig ist allein, dass Sie nie vergessen, wie Ihr Leben vor Ihrem Neuanfang war.

Sich daran zu erinnern, kann schmerzhaft sei. An manche Aspekte unserer Vergangenheit denken wir nicht gern zurück. Aber es ist wichtig, sich daran zu erinnern. „Erinnert euch, liebe Brüder, dass nur wenige von euch in den Augen der Welt weise oder mächtig oder angesehen waren, als Gott euch berief", ermahnt Paulus die Christen in Korinth (1. Korinther 1,26). Wir, die Adoptierten, dürfen nicht vergessen, wie das Leben als Waisen war. Wir, die Befreiten, sollten noch einmal das Gefängnis besuchen. Wir, die Gefundenen, dürfen nicht vergessen, wie verzweifelt wir waren, als wir verloren waren.

Gedächtnisschwund fördert Arroganz. Deshalb können wir es uns nicht leisten zu vergessen. Wir müssen uns erinnern.

Und wir sollten unsere Geschichte unbedingt weitererzählen. Nicht unbedingt jedem, aber doch manchen Personen. Irgendwo gibt es jemanden, dem es genauso geht, wie es Ihnen gegangen ist. Und der Betreffende muss einfach erfahren, dass Gott ihm helfen kann, von vorn anzufangen, und dass er uns bei unseren Problemen zur Seite steht. Wenn Sie ein ehrliches Bild Ihrer Vergangenheit malen, könnte das einem anderen Menschen Mut für die Zukunft machen.

Aber berichten Sie nicht nur von Ihrer Vergangenheit; erzählen Sie auch von der Gegenwart. Beschreiben Sie, wie Gott in Ihr Leben eingreift. Erzählen Sie, was sich durch ihn verändert hat. Auch diese Aufgabe hat ihre Herausforderungen. Das „Vorher" darzustellen, kann schmerzlich sein, und das „Jetzt" zu beschreiben kann ein wenig unpräzise oder vage sein. Er ist mit Ihnen ja noch nicht fertig!

Halten Sie einfach fest, was Jesus Christus in Ihrem Leben

getan hat. Wenn er Ihnen Frieden geschenkt hat, dann zeichnen Sie doch eine Taube. Wenn es Freude ist, dann pinseln Sie einfach einen Regenbogen an die Wand. Wenn er Ihnen Mut gemacht hat, dann singen Sie ein Lied über die Menschen, die Berge versetzen können. Und wenn Sie mit Ihrem Bild fertig sind, dann verstecken Sie es nicht. Hängen Sie Ihr Kunstwerk so auf, dass Sie es sehen können. Stellen Sie es so auf, dass es Sie täglich an die Macht Ihres himmlischen Vaters erinnert.

Und wenn wir dann alle einmal nach Hause kommen, werden wir eine Kunstgalerie eröffnen!

Das ist meine Idee. Ich weiß, das klingt verrückt, aber was wäre, wenn wir es wirklich täten? Ich weiß nicht, ob so etwas im Himmel erlaubt ist. Aber irgendetwas sagt mir, dass unser himmlischer Vater nichts dagegen haben wird. Schließlich gibt es in unserem zukünftigen Zuhause jede Menge Platz und wir werden sehr viel Zeit haben.

Und was für eine gute Methode wäre das, um das Eis zu brechen und neue Freunde zu finden! Können Sie sich das vorstellen? Wir werden Jona und einen lebensgroßen Wal treffen. Mose steht vor einem brennenden Busch. David bringt uns bei, mit der Steinschleuder umzugehen. Wir dürfen Gideons Vlies berühren – *das* Vlies – und Abraham zeigt uns ein Gemälde mit dem Titel „Die Nacht der tausend Sterne“.

Sie können sich auch zu Zachäus in seinen Baum setzen. Ein Junge zeigt Ihnen einen Korb mit fünf Broten und zwei Fischen darin. Martha heißt Sie in ihrer Küche willkommen. Und der römische Hauptmann fragt Sie, ob Sie mal das Kreuz berühren möchten.

Martin Luther ist mit dem Römerbrief da. Susanna Wesley erzählt uns, wie sie für ihre Söhne gebetet hat – Charles und John. Dwight L. Moody berichtet davon, wie er eines Tages dem Schuhgeschäft den Rücken kehrte, um zu predigen. Und John Newton singt uns „Amazing Grace" vor und wird dabei von einem Engelschor begleitet.

Einige der Menschen, denen wir einmal im Himmel begegnen, sind berühmt, die meisten jedoch nicht ... aber alle sind sie Helden. Ein Soldat zeigt Ihnen einen Schützengraben, den er jenem Graben nachgebildet hat, in dem er Jesus begegnete. Eine Hausfrau zeigt Ihnen ihr Neues Testament, das von den vielen Tränen lauter Flecke hat. Neben einem Nigerianer steht der Missionar, der ihn unterrichtete. Und hinter einem Brasilianer sieht man auf einem Gemälde den Fluss, in dem er getauft wurde.

Und irgendwo mitten in dieser Galerie der Hoffnung hängt die Darstellung Ihrer Geschichte. Einer nach dem anderen schaut sie sich an. Alle lauschen Ihnen aufmerksam, als hätten sie alle Zeit der Welt. (Haben sie ja auch!) Man begegnet Ihnen, als wären Sie königlicher Abstammung. (Sie sind ja auch ein Königskind!) Salomo stellt Ihnen Fragen. Hiob lobt Ihr Durchhaltevermögen. Josua preist Ihren Mut. Und wenn alle Beifall klatschen, klatschen Sie mit. Denn im Himmel weiß jeder, dass alles Lob nur einem Einzigen gebührt.

Bitte vergessen Sie nicht, dass das Ziel dieser Geschichten nicht darin liegt, voller Staunen zurückzuschauen, sondern im Glauben nach vorn zu blicken. Der Gott, der früher gesprochen hat, spricht auch heute noch. Der Gott, der früher vergeben hat, vergibt auch jetzt noch. Der Gott, der früher zu uns gekommen ist, kommt noch immer. Er kommt in diese

Welt. Er kommt in Ihre Welt. Er kommt, um das zu tun, was Sie nicht tun können. Er kommt, um Ihnen zu helfen, neu anzufangen – damit Sie eine zweite Chance haben, ihm immer ähnlicher zu werden, während Sie in sein herrliches Bild verwandelt werden.

Kapitel 20

Lauschen Sie dem Lied der Nachtigall

Kein Auge hat je gesehen,
kein Ohr je gehört und kein Verstand je erdacht,
was Gott für diejenigen bereithält, die ihn lieben.
1. Korinther 2,9

Tief in Ihrem Inneren wohnt eine kleine Nachtigall. Hören Sie genau hin. Sie werden ihr Zwitschern vernehmen. Ihr Lied besingt die Abenddämmerung. Ihr Gesang begrüßt die Morgenröte.

Es ist das Lied der Nachtigall.

Sie hört erst auf zu singen, wenn die Sonne aufgegangen ist.

Wir vergessen sie oft. Man überhört sie so leicht. Die anderen Tiere in unserem Inneren sind größer, lauter, beeindruckender und fordern mehr Aufmerksamkeit.

Aber keines ist so beständig.

Die anderen Bewohner unserer Seele sind einfacher zu füttern und leichter zufriedenzustellen. Wir füttern den Löwen, der nach Macht brüllt. Wir streicheln den Tiger, der Zuneigung will. Wir zügeln den bockigen Hengst, der unkontrolliert steigt.

Aber was machen wir mit der Nachtigall in uns, die sich nach der Ewigkeit sehnt?

Denn davon singt sie. Das ist ihre Aufgabe. Inmitten der Dunkelheit singt sie vom goldenen Licht. Mitten im Zeitlichen singt sie ein zeitloses Lied. Sie blickt durch das Totenhemd der Trauer hindurch zu einem Ort ohne Schmerzen. Von diesem Ort singt sie.

Wir versuchen zwar, sie zu ignorieren, aber wir können es nicht. Ihr Lied ist auch unser Lied. Und der Gesang tief in unserem Herzen wird erst verstummen, wenn wir das Licht sehen.

„Gott ... hat sogar die Ewigkeit in die Herzen der Menschen gelegt“ (Prediger 3,11), schreibt der weise Mann. Aber man muss nicht besonders weise sein, um zu erkennen, dass sich die Menschen nach mehr sehnen als nur nach dieser Erde. Wenn wir sehen, dass jemand Schmerzen hat, empfinden wir Mitleid. Wenn wir sehen, dass jemand leidet, fragen wir uns, warum. Sinnloser Tod. Endlose Tränen. Überflüssiger Verlust. Woher kommt das alles? Wohin führt uns das?

Im Leben muss es doch schlussendlich um mehr gehen als nur um den Tod?

Und genau das ist auch das Lied der Nachtigall.

Warum sollten wir diese leise Stimme zum Schweigen bringen? Wir legen den Finger auf unsere gespitzten Lippen und verlangen Ruhe, wie Eltern, die ihrem Kind bedeuten, ruhig zu sein. *Ich habe jetzt keine Zeit, darüber zu reden. Ich habe jetzt keine Zeit, darüber nachzudenken. Ich habe jetzt keine Zeit, das zu hinterfragen.*

Und so beschäftigen wir uns mit allem Möglichen, anstatt uns *damit* zu beschäftigen.

Aber mitunter vernehmen wir das Lied doch. Und mitunter lassen wir zu, dass das Lied uns eine Ahnung davon vermittelt, dass es noch mehr gibt. Es *muss* noch mehr geben.

Und solange wir das Lied hören, tröstet es uns. Solange wir eine innere Unzufriedenheit verspüren, suchen wir nach etwas. Solange wir wissen, dass es irgendwo in der Ferne ein anderes Land gibt, haben wir noch Hoffnung.

„Mir ist klar geworden, dass die einzige endgültige Katastrophe, die uns heimsuchen kann, die ist, dass wir uns auf dieser Erde zu Hause fühlen. Solange wir Fremde sind, haben wir unsere wahre Heimat nicht vergessen.“[1]

Wenn wir auf dieser Erde unglücklich sind, werden wir uns unweigerlich nach dem Himmel sehnen. Gott erregt unsere Aufmerksamkeit, indem er uns eine tiefe Unzufriedenheit schenkt. Das einzig Tragische ist also, wenn wir zu schnell zufrieden sind. Wenn wir uns mit dem zufriedengeben, was diese Welt zu bieten hat. Wenn wir uns in einem fremden Land zu Hause fühlen. Wenn wir uns mit den Babyloniern vermählen und Jerusalem vergessen.

Wir sind hier aber nicht wirklich glücklich, weil wir hier nicht zu Hause sind, weil wir „in dieser Welt ... ohne Bürgerrecht und Fremde" sind (1. Petrus 2,11).

Stellen Sie sich vor, Sie würden einen Fisch auf den Strand legen.[2] Seine Kiemen flattern und seine Schuppen trocknen aus. Ist er glücklich? Nein! Wie könnten Sie ihn glücklich machen? Indem Sie ihn mit einem Berg voller Geld überschütten? Indem Sie ihm einen Liegestuhl und eine Sonnenbrille geben? Indem Sie ihm eine Ausgabe des *Playfish* und einen Martini bringen? Indem Sie ihn in einen zweireihigen Schuppenanzug und Schuhe aus Krokodilleder kleiden?

Natürlich nicht. Wie machen Sie ihn also glücklich? Indem Sie ihn zurück in sein Element bringen: ins Wasser. Aufgrund der schlichten Tatsache, dass er nicht für das Leben auf dem Strand erschaffen wurde, wird er dort auch niemals glücklich sein.

Und entsprechend werden auch Sie aufgrund der Tatsache, dass Sie nicht für das Leben auf dieser Erde erschaffen wurden, hier niemals wirklich glücklich sein. Natürlich werden Sie Glücksmomente erleben. Sie werden hin und wieder Lichtstrahlen der Ewigkeit erhaschen. Und Sie werden friedvolle Augenblicke oder sogar Tage erleben. Aber diese sind einfach nicht mit dem zu vergleichen, was Sie einmal erwartet.

„Zu deinem Eigentum erschufst du uns, und ruhelos ist unser Herz, bis es ruhet in dir.“[3]

Der Friede, den wir auf dieser Erde erleben, ist nur ein falscher Friede. Nehmen Sie sich vor denen in Acht, die Ihnen einzureden versuchen, dass Sie hier Ihr Glück finden können; das wird Ihnen nicht gelingen. Nehmen Sie sich vor den falschen Ratgebern in Acht, die Ihnen versprechen, dass die nächste Diät, die nächste Ehe, der nächste Job oder der nächste Umzug Sie glücklich machen wird. Schon der Prophet Jeremia warf diesen Menschen vor: „Sie behandeln die tödlichen Wunden meines Volkes leichtfertig, als wären sie nur oberflächlich: Sie rufen: ‚Heil, Heil!‘, wo doch kein Heil ist“ (Jeremia 6,14).

Und bis wir endlich zu Hause sind, wird nichts wirklich heil werden.

Natürlich gibt es schöne Momente. Wenn wir das neugeborene Baby im Arm halten, mit der Frau vor dem Altar stehen, mit der wir alt werden wollen, wenn uns die Sonne den Rücken wärmt. Aber selbst diese Augenblicke sind nur Lichtstrahlen der Ewigkeit, die durch das Fenster des Himmels fallen. Gott stupst uns an. Er macht uns neugierig. Er umwirbt uns. Diese Augenblicke sind gewissermaßen Appetithappen für das Festmahl, das noch kommen wird.

„Kein Auge hat je gesehen, kein Ohr je gehört und kein Verstand je erdacht, was Gott für diejenigen bereithält, die ihn lieben“ (1. Korinther 2,9).

Was für ein atemberaubender Vers! Verstehen Sie, was das bedeutet? *Der Himmel übersteigt all unsere Vorstellungs-*

kraft. Wir können ihn uns nicht einmal in unseren kühnsten Träumen ausmalen. Selbst in unseren kreativsten Momenten, in unseren tiefschürfendsten Gedanken und wenn wir uns noch so viel Mühe geben, können wir uns die Ewigkeit nicht ausmalen.

Versuchen Sie einmal Folgendes: Stellen Sie sich eine perfekte Welt vor. Was auch immer das für Sie bedeutet – stellen Sie es sich vor. Bedeutet das für Sie, dass dort Frieden herrscht? Dann stellen Sie sich vollkommenen Frieden vor. Bedeutet das für Sie, dass dort Freude herrscht? Dann stellen Sie sich das vor, was Ihnen am meisten Freude bereitet. Gibt es in einer vollkommenen Welt Liebe? Dann stellen Sie sich einen Ort grenzenloser Liebe vor. Was auch immer der Himmel für Sie bedeutet, wie auch immer er in Ihrer Fantasie aussieht – stellen Sie es sich vor. Verankern Sie es tief in Ihrem Verstand. Erfreuen Sie sich daran. Träumen Sie davon. Sehnen Sie sich danach.

Und dann lächeln Sie, denn Ihr himmlischer Vater erinnert Sie in der Bibel daran, dass „kein Verstand je erdacht [hat], was Gott für diejenigen bereithält, die ihn lieben".

Alles, was Sie sich ausmalen, stimmt noch nicht einmal ansatzweise mit dem überein, was Sie erwartet. Nichts von dem, was sich irgendein Mensch vorstellt, trifft die Realität. Niemand kommt dem auch nur annähernd nahe. Überhaupt niemand. Denken Sie an all die Lieder, in denen es um den Himmel geht. An all die Bilder. All die Bibelstunden darüber, die Gedichte, die Bücher, die geschrieben wurden.

Wenn es darum geht, den Himmel zu beschreiben, dann versagen wir alle. Aber in positiver Hinsicht – die Realität ist nämlich noch viel besser.

Sie entzieht sich uns.

Aber gleichzeitig ist sie auch in uns. Es ist das Lied der Nachtigall. Lassen Sie sie singen. Lassen Sie sie singen, wenn es dunkel ist. Lassen Sie sie singen, wenn die Sonne am Horizont auftaucht. Lassen Sie sich durch ihr Lied daran erinnern, dass Sie nicht für diese Welt erschaffen wurden, sondern dass es einen Ort gibt, der extra *für Sie* erschaffen wurde.

Aber bis dahin müssen Sie realistisch bleiben. Schrauben Sie Ihre Erwartungen an diese Welt herunter. Das hier ist nicht der Himmel, also erwarten Sie auch nicht, dass sie dem nahekommt. Es wird niemals eine Nachrichtensendung ohne schlechte Neuigkeiten geben. Es wird niemals eine Gemeinde ohne Tratsch oder internes Konkurrenzdenken geben. Kein neues Auto, keine neue Frau, kein neugeborenes Baby wird Ihnen jemals die Freude bereiten, nach der sich Ihr Herz sehnt. Das kann nur Gott.

Und Gott wird es tun. Haben Sie Geduld. Und hören Sie genau hin. Lauschen Sie auf das Lied der Nachtigall.

Eine letzte Bemerkung

Ich hoffe aufrichtig, dass dieses Buch eine große Bereicherung für Sie war. Ich bete, dass diese Seiten Ihnen deutlich gemacht haben, dass Gott Sie liebt. Dass er jederzeit bereit ist, Ihnen zu helfen, von vorn anzufangen. Bevor sich unsere Wege nun trennen, möchte ich noch einige Minuten mit Ihnen über Gottes liebevolle Absichten für Sie sprechen.

Er hat Sie für mehr erschaffen als nur das Leben, das Sie gerade führen – das Grab ist nicht Ihr endgültiger Bestimmungsort. Seine Absichten für Sie beinhalten mehr als nur einen Sarg. Sie sollen ewig mit ihm leben und haben daher eine ewige Seele.

Was Gott Adam und Eva gegeben hat, hat er auch Ihnen und mir gegeben. Eine Seele. „Da formte Gott, der Herr, aus der Erde den Menschen und blies ihm den Atem des Lebens in die Nase. So wurde der Mensch lebendig" (1. Mose 2,7).

Sie sind mehr als ein aufrecht gehender Affe, ein chemischer Zufallstreffer oder eine überraschend entstandene Ansammlung von Atomen. Sie tragen den Atem Gottes in sich. „Gott ... blies ihm den Atem des Lebens in die Nase. So wurde der Mensch lebendig" (1. Mose 2,7).

Die Tatsache, dass wir eine Seele haben, hebt uns von der übrigen Schöpfung ab. Der Giraffe oder dem Belugawal hat Gott nicht den Atem des Lebens eingehaucht. Dem Kamel hat er einen Höcker gegeben, aber den Menschen seinen Atem – oder vielmehr eine Seele.

Ohne Seele war Adam leblos. Sein Körper war zwar vollständig, aber leblos, bis Gott ihm Leben einhauchte. Die Seele ermöglichte es ihm zu atmen, sich zu bewegen, zu denken … ja, zu leben.

Laut humanistischer Überzeugungen sind Sie vielleicht eine zufällige Ansammlung von Chromosomen, aber Gott betrachtet Sie als Verwalter bzw. Verwalterin seines Wesens. Sie tragen Gottes Stempel. Sie denken. Sie lieben. Sie erschaffen Dinge. Genau wie Adam haben auch Sie eine Seele.

Und genau wie Adam haben Sie Ihre Seele dazu benutzt, um Gott ungehorsam zu sein.

Gott gab jenem ersten Paar ein einziges Gebot: „Von allen Bäumen im Garten darfst du essen, nur nicht von dem Baum, der dich Gut und Böse erkennen lässt. Sobald du davon isst, musst du sterben!" (1. Mose 2,16–17; Hfa).

Wer Gottes Lebensregeln missachtet, zahlt einen tödlichen Preis. Ungehorsam führt zum Tod, hatte Gott sie gewarnt. Nicht nur, dass sie irgendwann sterben würden, sondern sie wären sofort tot. „*Sobald du davon isst …*"

Moment mal. Sind Adam und Eva denn gestorben? Wir wissen, dass sie in dieser Hinsicht gescheitert sind. Eva hat von der Frucht gegessen und auch Adam davon gegeben, der ebenfalls neugierig wurde und ihrem Beispiel folgte. Sie versteckten sich vor Gott und wurden aus dem Garten Eden verbannt. Anschließend lebten sie noch viele Jahre und bekamen viele Kinder. Wie lässt sich die Tatsache, dass sie offenbar doch ein langes Leben führten, erklären? Hat Gott es sich anders überlegt? Oder hat er einfach eine andere Definition von *Tod*? Meiner Meinung nach trifft Letzteres zu. Wir gehen davon aus, dass tot zu sein bedeutet, nicht mehr zu leben. Letzten Endes tut es das auch. Aber zunächst einmal bedeutet *Tod* die Trennung von Gott.

Bevor Adam und Eva ihr Leben verloren, verloren sie das Vorrecht, Gemeinschaft mit Gott zu haben. Sie versteckten sich vor ihm. Die Tatsache, dass Gott bei ihnen war, erfüllte sie nicht länger mit Frieden und Freude, sondern mit panischer Angst. Als Adam Gottes Stimme vernahm, reagierte er wie ein Kind, das dabei erwischt wird, wie es etwas aus der Schublade mit den Süßigkeiten stibitzt: „Ich hatte Angst" (1. Mose 3,10). Die innige Verbindung zu ihm war zerbrochen, es hatte sich ein trennender Abgrund zwischen ihnen aufgetan. Gott verbannte das schuldig gewordene Paar aus dem Garten Eden (Vers 23) und seither lungern wir außerhalb des Gartens herum.

Die Sünde zieht zwei tödliche Folgen nach sich: den geistlichen und den körperlichen Tod. Der geistliche Tod trennt unsere Seele von Gott. Der körperliche Tod trennt unsere Seele von unserem Körper. Adam und Eva bekamen den ersten Tod zu spüren, als sie in die Frucht bissen, und den zweiten, als sie ins Gras bissen. (Verzeihen Sie mir das Wortspiel.) „Denn du bist aus Staub und wirst wieder zu Staub werden" (1. Mose 3,19).

Hätte Adam Gottes Gebote nicht übertreten, wäre er nicht gestorben. Doch er hatte es getan und musste sterben.

Und uns geht es genauso. Unsere Sünde trennt uns von Gott. Wir genießen nicht länger die innige Gemeinschaft, die Adam und Eva ursprünglich erlebten, und sind „tot aufgrund [unserer] Sünden" (Epheser 2,1) und „sind von dem Leben, das Gott für sie hat, weit entfernt" (Epheser 4,18).

Geistlicher Tod – die Seele ist von Gott getrennt.

Körperlicher Tod – die Seele ist vom Körper getrennt.

Was sollen wir vor diesem Hintergrund jetzt tun?

Jesus lädt uns ein, unser Vertrauen darauf zu setzen, dass „jeder, der an ihn glaubt, nicht verloren geht, sondern das ewige Leben hat" (Johannes 3,16).

Christus stellt wieder her, was Adam und Eva verloren haben, und zwar in der gleichen Reihenfolge, in der sie es verloren haben: Er bringt die Seele zunächst zurück zu Gott und dann zurück in den Körper.

Wenn wir unser Vertrauen auf das setzen, was er am Kreuz für uns getan hat, bringt er unsere Seele zurück zu Gott: „Ihr wart fern von Gott, doch nun seid ihr ihm nahe durch das Blut seines Sohnes" (Epheser 2,13).

Und bei seinem zweiten Kommen wird er unsere Seele wieder mit unserem Körper verbinden. Diejenigen, die vor seiner Wiederkehr sterben, kommen sofort in ihre ewige Heimat. Das wissen wir aus Bibelstellen wie der, in der Johannes im Himmel „die Seelen aller [sieht], die getötet worden waren" (Offenbarung 6,9). Für Paulus bedeutete, bei Gott zu sein, dass man auch vom eigenen Körper „abwesend" war. „Ja, wir ... würden unseren jetzigen Körper gern verlassen, weil wir dann daheim beim Herrn wären" (2. Korinther 5,8). In dem Zeitraum zwischen unserem Tod und der Wiederkehr von Jesus Christus sind unsere Seelen von unserem Körper getrennt. Aber wenn Jesus wiederkommt, werden „die Toten in ihren Gräbern die Stimme des Sohnes Gottes hören und auferstehen ... Diejenigen, die Gutes getan haben, werden zum ewigen Leben auferstehen, und diejenigen, die Schlechtes getan haben, werden zum Gericht auferstehen" (Johannes 5,28–29).

Aber woher können wir wissen, dass das passieren wird? Warum sollten wir das für wahr halten? Warum ist diese Behauptung von Jesus glaubhaft?

Weil das Grab leer war. „Denn weil wir glauben, dass Jesus starb und wieder auferstanden ist, glauben wir auch, dass Gott durch Jesus alle verstorbenen Gläubigen wiederbringen wird, wenn Jesus kommt“ (1. Thessalonicher 4,14).

Als Jesus das Grab verlassen hat, hat er den Tod besiegt und ihm alle Macht genommen. Ja, wir werden irgendwann sterben – aber das bedeutet nicht, dass wir auch für immer tot sein werden.

Als eine Familie ein Picknick machte, flog eine Biene in die Nähe des Tisches. Die Mutter sprang sofort auf, um sie zu verscheuchen, da ihr Sohn gegen Bienenstiche allergisch war. Im schlimmsten Falle würde er sogar sterben. Das Insekt flog jedoch um sie herum und näherte sich weiter ihrem Sohn. In diesem Augenblick erhob sich der Vater und ging zu seinem Sohn. Geistesgegenwärtig und geschickt schnappte er die Biene.

Einen Augenblick lang verzog er das Gesicht, dann ließ er die Biene wieder frei. Der Junge bekam Angst und rannte weg. Doch sein Vater beruhigte ihn: „Schon gut, mein Junge. Du musst keine Angst mehr vor ihr haben.“

Der Vater zeigte dem Jungen seine Handfläche. Diese begann bereits anzuschwellen, weil der Stachel der Biene darin steckte. „Alles in Ordnung. Jetzt kann sie nur noch summen. Das hier hätte dich verletzen können, aber ich habe ihr den Stachel genommen.“

Genau das hat Jesus für uns getan. Und das ist auch der Grund, warum Paulus fragte: „Tod, wo ist dein Sieg? Tod, wo ist dein Stachel? Denn die Sünde ist der Stachel, der zum Tod führt, und das Gesetz verleiht der Sünde ihre Kraft. Wir danken Gott, der uns durch Jesus Christus, unseren Herrn, den Sieg über die Sünde und den Tod gibt!" (1. Korinther 15,55–57).

Weil Jesus auferstanden ist, kann der Tod nur noch „summen".

Werden Sie Ihr Vertrauen auf Jesus setzen?

Werden Sie darauf vertrauen, dass er Ihnen ein Leben schenkt, das Sie einmal in die Ewigkeit führt? Das können Sie tun, denn ihm verdanken wir es, dass Sie und ich noch einmal neu beginnen können. Immer wieder.

Fragen zur Vertiefung

Von Andrea Lucado

Teil I

Gott ist vertrauenswürdig

1. Haben Sie in einem Bereich Ihres Lebens schon einmal neu angefangen? Falls ja: Worum ging es dabei? Was hat Ihnen geholfen, neu zu beginnen?

2. Wo brauchen Sie einen Neubeginn in Ihrem Leben?
   - Hält irgendetwas Sie davon ab, daran zu glauben, dass ein Neubeginn möglich ist? Wenn ja, was?
   - Wie kann Ihnen dieses Buch bei einem Neubeginn helfen?

3. Was haben wir mit dem Baumstumpf gemeinsam, den Max Lucado auf den Seiten 16–18 beschreibt?

4. In 2. Korinther 3,18 heißt es: „Von uns allen wurde der Schleier weggenommen, sodass wir die Herrlichkeit des Herrn wie in einem Spiegel sehen können. Und der Geist des Herrn wirkt in uns, sodass wir ihm immer ähnlicher werden und immer stärker seine Herrlichkeit widerspiegeln." Haben Sie schon einmal erlebt, dass Sie immer stärker Gottes Herrlichkeit widerspiegeln? Wenn ja, wie sah das konkret aus?

5. In Bezug auf diese Veränderung schreibt Max Lucado: „Rechnen Sie damit, vorher abgeschrubbt, geschmirgelt und ein oder zwei oder zehn Mal gestrichen zu werden. Aber am Ende wird das Ergebnis alle Unannehmlichkeiten wert gewesen sein. Sie werden dankbar sein."
   - Was empfinden Sie, wenn Sie diese Aussage lesen? Sind Sie nervös, aufgeregt, zögerlich und zurückhaltend? Warum?
   - Wenn Sie an Ihre Antwort im ersten Teil von Frage Nr. 2 denken: Sind Sie dann bereit, diese Art der Verwandlung zu durchleben, damit in diesem Bereich Ihres Lebens ein Neubeginn möglich wird?

Kapitel 1

Vertrauen Sie dem Hirten

1. Lucado schreibt, dass man sich im Leben oft wie in einem Dschungel vorkommt: „Aber unser ‚Dschungel' ist dichter und besteht aus ansteckenden Krankheiten, gebrochenen Herzen und leeren Geldbeuteln. Unsere ‚Wälder' sind umgeben von Krankenhauswänden und Familiengerichten" (S. 22).
   - Wann waren Sie das letzte Mal orientierungslos und verwirrt und hatten keine Ahnung, wie Sie wieder aus dem „Dschungel" herauskommen sollen? Vielleicht fühlen Sie sich ja gerade jetzt so.
   - Welche Umstände haben dieses Gefühl ausgelöst?

2. Was führt der Autor als häufige Ursache dafür an, dass wir uns verloren vorkommen?

3. Woran denken Sie, wenn Sie das Wort „Hoffnungslosigkeit" lesen? Warum?
   - In welchen Bereichen Ihres Lebens fühlen Sie sich im Augenblick hoffnungslos?
   - Lucado fragt (S. 23): „Was wäre nötig, um Ihnen neue Hoffnung zu schenken? Was brauchen Sie, um wieder neue Kraft für Ihre Reise zu bekommen?" Wie würden Sie diese Fragen beantworten?

4. Der Autor führt drei Dinge an, die wir brauchen, um neue Hoffnung zu schöpfen, wenn wir im Dschungel des Lebens feststecken. Welche sind das?
   - Was davon brauchen Sie jetzt gerade am meisten und warum?
   - Wie könnte Ihnen das angesichts einer scheinbar hoffnungslosen Lage oder wenn Sie verzweifelt sind, neue Hoffnung schenken?

5. Wenn Jesus unser Retter ist, dann können wir darauf vertrauen, dass er den Überblick hat – er kann uns neue Hoffnung schenken und uns aus dem „Dschungel" herausführen. Lesen Sie zur Erinnerung daran die folgenden Bibelstellen:

   Schlurft nicht mit gesenktem Blick durch die Gegend,
   völlig versunken in die Dinge um euch herum.
   Seht auf und achtet auf das, was um Christus

herum passiert. … Seht die Dinge aus seiner *Perspektive.* Kolosser 3,2 (*The Message*)

Ich schaue hinauf zu den Bergen –
woher wird meine Hilfe kommen?
Meine Hilfe kommt vom Herrn,
der Himmel und Erde gemacht hat.

Er wird nicht zulassen, dass du stolperst und fällst;
der dich behütet, schläft nicht. …

Der Herr selbst behütet dich! …
Die Sonne wird dir am Tag nichts anhaben noch der Mond bei Nacht.

Der Herr behütet dich vor allem Unheil und bewahrt dein Leben. Psalm 121,1–3.5–7

- Worauf sollen wir diesen Versen zufolge unseren Blick richten?
- Wohin sollen wir nicht schauen?
- Schreiben Sie alles auf, was Gott nach Aussage von Psalm 121 tun wird.
- In welcher Weise können diese Verheißungen Ihnen heute neue Hoffnung schenken?

Kapitel 2

Überlassen Sie Ihre Ängste Ihrem Vater

1. Es ist zutiefst erschütternd, die Beschreibung von Jesus im Garten Gethsemane in der Nacht vor seiner Kreuzigung zu lesen. Diese Verse vermitteln uns anschaulich ein klares Verständnis davon, wie sehr er gelitten hat:

   Schreckliche Furcht und Angst ergriff ihn und er sagte zu ihnen: „Meine Seele ist zu Tode betrübt. Bleibt hier und wacht mit mir." Er ging ein Stück weiter und warf sich zu Boden. Dann betete er darum, dass das Schreckliche, das ihn erwartete, wenn es möglich wäre, an ihm vorübergehe. Markus 14,33–35

   Aber er war von Angst erfüllt und betete noch heftiger und kämpfte so sehr, dass sein Schweiß wie Blut auf die Erde tropfte. Lukas 22,44

   - Beschreiben Sie mit eigenen Worten, wie Jesus sich gefühlt haben muss.
   - Wie unterscheidet sich dieses Bild von Jesus von anderen Bildern, die wir von ihm in den Evangelien sehen, oder von Ihrer eigenen Vorstellung von ihm?
   - Was sollen wir laut Lucado mit diesem Bild machen?
   - Auch wenn kein Mensch so sehr gelitten hat wie Jesus: Beschreiben Sie eine Situation, in der Sie schreckliche Angst hatten. Was war passiert? Wie haben Sie körperlich und emotional darauf reagiert?

2. Füllen Sie die Lücke aus: „Der Erste, der von seiner Angst erfährt, ist ______________ (S. 32).
   - Wer erfährt normalerweise zuerst davon, dass Sie sich vor etwas fürchten? Warum?
   - Sprechen Sie gewöhnlich mit Gott über Ihre Ängste? Warum oder warum nicht?

3. Jesus hatte eine konkrete Bitte an Gott: „... lass diesen Kelch des Leides an mir vorübergehen" (Lukas 22,42). Der Autor ermutigt uns, genauso konkret zu beten, wenn wir uns wegen unserer Ängste an Gott wenden. Für welche konkrete Furcht sollten Sie genau jetzt beten?

4. David schreibt in Psalm 23: „Auch wenn ich durch das dunkle Tal des Todes gehe, fürchte ich mich nicht, denn du bist an meiner Seite. Dein Stecken und Stab schützen und trösten mich" (Psalm 23,4).
   - Warum konnte David sagen, dass er sich nicht fürchtet?
   - Wie könnten Sie heute auf die gleiche Weise Trost bei Gott finden, wie David es laut dieses Abschnitts getan hat?

Kapitel 3

Mit geschlossenen Augen sehen

1. Welchen blinden Fleck haben wir diesem Kapitel zufolge alle (S. 37)?
   - Wie gehen Sie persönlich mit der Tatsache um, dass Sie

nicht wissen, was die Zukunft bringen wird? Versuchen Sie abzuschätzen oder zu raten, was passieren könnte? Vermeiden Sie es, darüber nachzudenken, oder kreisen Ihre Gedanken ständig darum? Erläutern Sie Ihre Antwort.

- Gibt es eine Bedrohung oder Probleme in Ihrem Leben, die Ihnen Angst oder Sorgen machen? Wenn ja, was ist es und warum beunruhigt es Sie?

2. Jaïrus war zwar der Vorsteher der örtlichen Synagoge und nahm eine wichtige Stellung in der Gemeinde ein, aber wie trat er Jesus gegenüber, als seine Tochter krank war (Markus 5,23)?
   - Haben Sie sich schon einmal so gefühlt, wie der Autor es beschreibt: „Es gibt Momente im Leben, wo alles, was man zu bieten hat, nichts ist, im Vergleich zu dem, worum man bittet" (S. 39)? Wenn ja, beschreiben Sie die Situation.
   - Worum haben Sie Gott gebeten?
   - Wen haben Sie angefleht: Gott, Jesus, einen Freund bzw. eine Freundin, eine andere Person?

3. Wie mag Jaïrus sich wohl gefühlt haben, als man ihm sagte: „Deine Tochter ist tot. Du brauchst den Lehrer nicht mehr zu bemühen"?
   - Haben Sie schon einmal eine Botschaft erhalten, die Ihnen den Boden unter den Füßen weggezogen hat? Wie haben Sie darauf reagiert?
   - Wie hat Jesus in der oben beschriebenen Situation reagiert (Markus 5,36)? Warum hat er wohl so reagiert?

4. Jesus ignorierte die Menschen, die ihm sagten, Jaïrus' Tochter sei tot. Haben Sie schon einmal etwas Ähnliches erlebt? Dass Ihnen viele Menschen mitteilten, eine Situation sei hoffnungslos? Falls ja: Welchen Einfluss hatten diese Stimmen auf Sie?

5. Jesus sagte zu Jaïrus: „Hab keine Angst. Glaube nur." Was würde sich ändern, wenn Sie selbst diese Worte auch befolgen würden, obwohl Ihnen Ihr Umfeld etwas anderes sagt?
   - Woran müssen Sie heute glauben?
   - Wovor wollen Sie nicht länger Angst haben?
   - Lucado schreibt: „Wenn uns eine Tragödie trifft, stehen auch wir vor der Entscheidung, worauf wir unseren Blick richten: Wir können entweder auf den Schmerz schauen oder auf den, der diesen Schmerz heilen kann" (S. 42). Wofür entscheiden Sie sich gewöhnlich bzw. wofür entscheiden Sie sich aktuell, falls Sie gerade mit einer schwierigen Situation konfrontiert sind?

6. Was machte Jesus mit den Menschen, die behaupteten, die Tochter von Jaïrus sei tot (Vers 40)?
   - Welche Stimmen müssen Sie heute ausblenden?
   - Wie kann Jesus Ihnen dabei helfen?

Kapitel 4

Geben Sie nicht auf

1. Wobei haben Sie schon einmal versagt? Falls das erst kürzlich geschehen ist: Wie haben Sie sich dabei gefühlt? Falls es länger zurückliegt: Wie geht es Ihnen dann heute damit?

2. Hat irgendein Versagen – egal, ob es länger her oder erst kürzlich geschehen ist – Sie schon einmal dazu verleitet zu glauben, Sie könnten in diesem Bereich Ihres Lebens nicht noch einmal von vorn anfangen? Was ist geschehen, als Sie sich gegen einen Neuanfang entschieden? Was könnte geschehen, wenn Sie in diesem Bereich doch noch einmal von vorn anfangen würden?

3. Die Bibel enthält unzählige Geschichten von Menschen, die Gott und andere enttäuscht haben. Lesen Sie zum Beispiel Lukas 15,11–18. In welcher Hinsicht war der verlorene Sohn gescheitert?
   - Gibt es in irgendeiner Hinsicht Ähnlichkeiten zwischen seinem und Ihrem Versagen? Falls ja: inwiefern?
   - Was war in der Geschichte passiert, bevor er beschloss: „Ich will zu meinem Vater nach Hause gehen …"?
   - Haben Sie schon einmal einen ähnlichen Wendepunkt erlebt, als Sie versagt hatten oder gescheitert waren? Einen Augenblick, in dem Sie beschlossen, den Schweinetrog des Bedauerns und der Scham hinter sich zu lassen und sich Gott zuzuwenden? Falls ja: Was hat Gott getan?

- Befinden Sie sich gerade in einer ähnlichen Notlage? Was könnte Sie dazu bringen, Gott zu bitten, Ihnen zu helfen, den „Schweinetrog“ hinter sich zu lassen? Wie können Sie sich Gott wieder zuwenden?

4. Lesen Sie den Rest der Geschichte vom verlorenen Sohn (Lukas 15,18–24). Wie hat der Vater auf die Rückkehr des Sohnes reagiert?
   - Was erfahren wir aus dieser Bibelstelle darüber, was Gott tut, wenn wir uns in diesen „Schweinestall-Momenten“ an ihn wenden?
   - Was verrät uns das über unser Versagen und einen möglichen Neuanfang?

Kapitel 5

Folgen Sie dem Gott, der Ihnen nachgeht

1. In Psalm 23,6 heißt es: „Nur Güte und Liebe verfolgen mich jeden Tag, und ich kehre für immer ins Haus Jahwes zurück“ (NeÜ). Lucado bricht diese Verheißung in die einzelnen Aspekte dieses Verses herunter.
   - Was verspricht uns das Wörtchen „nur“?
   - Was verheißen uns die Worte „Güte und Liebe“?
   - Was bedeutet es, dass Gott uns folgt?
   - Haben Sie Gottes Hartnäckigkeit schon einmal erlebt? Wie war das?

2. Lucado zählt mehrere Personen aus der Bibel auf, denen Gott nachgegangen ist. Lesen Sie in Johannes 4,1–26 mehr über eine dieser Personen.
   - Wie ist Jesus der samaritanischen Frau durch Worte und Taten nachgegangen?
   - Wie hat die Frau darauf reagiert?
   - Warum hat Jesus dieser Frau wohl offenbart, dass er der Messias ist?

3. Lucado erzählt die Geschichte von Eric, einem Obdachlosen, der am Ende seines Lebens doch noch von seiner Schwester Debbie gefunden wurde. Inwiefern erinnert Debbies Verhalten gegenüber Eric an Gottes Bemühen um uns?

4. Inwiefern könnte es Ihnen Mut machen, einen Neubeginn zu wagen, wenn Sie tatsächlich daran glauben, dass Gott Ihnen an jedem einzelnen Tag Ihres Lebens nachgeht?

Kapitel 6

Nehmen Sie das göttliche Geschenk an

1. Was laugt Sie im Moment aus: eine Beziehung, die Arbeit, Ihre Lebensumstände? Wie äußert sich das? Und wie wirkt sich das auf Ihren Alltag aus?

2. Man könnte durchaus behaupten, dass Hiob am Ende war. Er erlebte vermutlich so ziemlich jeden Schicksalsschlag,

den ein Mensch nur erleben kann. Lesen Sie Hiob 1,13–22 und 2,7–10. Wen und was hat Hiob hier verloren? Zählen Sie alles auf.

3. Haben Sie schon einmal erlebt, dass Ihr Leben völlig aus den Fugen zu geraten schien?
   - Falls ja: Was war das Schlimmste an dieser Zeit?
   - Welche Probleme hatten Sie konkret?
   - Waren Sie in dieser Zeit im Gespräch mit Gott? Falls ja: Wie ging es Ihnen innerlich, als Sie sich an ihn gewandt haben? Waren Sie wütend? Haben Sie mit ihm verhandelt? Ihn angefleht? Hatten Sie viele Fragen?

4. Hiobs Freunde suchten nach einer Erklärung für sein Leid. Elifas sagte: „Denk einmal darüber nach: Kann denn der Schuldlose zugrunde gehen? Wann wurde der Aufrichtige je vernichtet? Aus Erfahrung weiß ich: Wer Unheil plant und Böses sät, der wird auch Unheil und Böses ernten. Gott vernichtet solche Menschen mit einem Hauch aus seinem Mund. Sie verschwinden im Auflodern seines Zorns" (Hiob 4,7–9).

   Bildad meinte: „Wie lange willst du noch so weiterreden? Deine Worte brausen daher wie ein tobender Orkan. Sollte Gott etwa seine Rechtsprechung verdrehen? Oder wird der Allmächtige das Recht beugen? Deine Kinder müssen gegen ihn gesündigt haben! Das hat Gott ihnen übel genommen, und darum haben sie ihre verdiente Strafe erhalten. Wenn du nun aber ernsthaft nach Gott suchst und den Allmächtigen um Gnade anflehst, und wenn du dabei rein und untadelig bist, wird er sich erheben und dein glückliches Heim wiederherstellen“ (Hiob 8,2–6).

Und Elihu war der Auffassung: „‚Gott hat mich vor dem Grab gerettet, und nun ist mein Leben wieder hell.‘ Ja, Gott tut dies alles zwei, drei Mal für einen Menschen, um sein Leben vor dem Grab zu bewahren und ihm das Licht des Lebens zu schenken“ (Hiob 33,28–30).

- Wie begründete Elifas Hiobs Leid?
- Wie begründete Bildad sein Leid?
- Wie begründete Elihu es?
- Stimmen Sie den Freunden von Hiob zu oder sehen Sie seine Situation anders?
- Welche Fragen stellen Sie Gott, wenn Sie mit gravierenden Problemen konfrontiert werden?

5. Lesen Sie jetzt Hiob 38,4–11: Was antwortet Gott auf Hiobs Vorwürfe? Welchen Zweck verfolgte Gott mit seinen Fragen nach Ansicht von Lucado (S. 80–81)?
   - Inwiefern halfen diese Fragen und Aussagen Hiob, sein Leid zu verstehen?
   - Wie könnte es Ihnen in schweren Zeiten helfen, wenn Sie die Perspektive wechseln und Gott nicht hinterfragen, sondern seiner Allmacht vertrauen?

6. Hiob bekam letzten Endes die Gelegenheit, noch einmal von vorn anzufangen. Seine Geschichte endete hoffnungsvoll: „Und Gott gab Hiobs Schicksal eine neue Wendung, weil er Fürbitte für seine Freunde getan hatte, ja, er schenkte ihm doppelt so viel, wie er vorher besessen hatte!“ (Hiob 42,10).

- Haben Sie schon einmal erlebt, dass Sie nach einer schweren Zeit einen Neuanfang wagen konnten? Falls ja: Hat dieser Neuanfang Ihre Sicht der Ereignisse verändert? Wenn ja, wie?
- Vielleicht machen Sie ja gerade eine Zeit der Ermüdung und der Probleme durch. Wie kann Hiobs Neuanfang Ihnen hier Mut machen?

Kapitel 7

Verlassen Sie sich auf den Heiligen Geist

1. Was wissen Sie über den Heiligen Geist? Welche Rolle spielt der Heilige Geist in Ihrem Leben und Glauben – spielt er darin überhaupt eine Rolle?

2. In Epheser 1,13–14 steht: „Ihr habt an Christus geglaubt, und er hat euch mit dem Siegel seines Heiligen Geistes, den er vor langer Zeit zugesagt hat, als sein Eigentum bestätigt. Der Heilige Geist ist die Garantie dafür, dass er uns alles geben wird, was er uns versprochen hat, und dass wir sein Eigentum sind."
   - Welche Beispiele fallen Lucado ein, wenn es um das Wort „versiegelt" geht (S. 87)?
   - Gibt es irgendjemanden in Ihrem Leben, an den Sie sich so gebunden fühlen, als hätte man dieser Beziehung ein Siegel aufgedrückt? Ihr Ehepartner? Eine alte Freundin? Ein Verwandter? Falls es diese Art Beziehung gibt: Erklären Sie, warum gerade diese Beziehung ein „Siegel"

hat und welchen Einfluss das auf Ihr Vertrauen in diese Beziehung hat.

- Wie könnte Ihnen die Beziehung, die Sie gerade beschrieben haben, helfen, Ihre Beziehung zum Heiligen Geist und seine Aufgabe in Ihrem Leben besser zu verstehen?

3. Lesen Sie die folgenden Verse aus dem Römerbrief:

Deshalb verhaltet euch nicht wie ängstliche Sklaven. Wir sind doch Kinder Gottes geworden und dürfen ihn „Abba, Vater" rufen. Denn der Geist Gottes selbst bestätigt uns tief im Herzen, dass wir Gottes Kinder sind. Römer 8,15–16

Denn wir wissen, wie sehr Gott uns liebt, weil er uns den Heiligen Geist geschenkt hat, der unsere Herzen mit seiner Liebe erfüllt. Römer 5,5

Der Heilige Geist hilft uns in unserer Schwäche. Denn wir wissen ja nicht einmal, worum oder wie wir beten sollen. Doch der Heilige Geist betet für uns mit einem Seufzen, das sich nicht in Worte fassen lässt. Und der Vater, der alle Herzen kennt, weiß, was der Geist sagt, denn der Geist bittet für die, die zu Gott gehören, wie es dem Willen Gottes entspricht. Römer 8,26–27

- Wie wirkt sich laut Römer 8,15–16 der Heilige Geist auf unsere Identität aus?
- Wie können wir laut Römer 5,5 durch den Heiligen Geist Gottes Liebe erfahren?

- Wie hilft uns laut Römer 8,26–27 der Heilige Geist, wenn wir beten oder in Not sind?

4. Nachdem Sie jetzt mehr über den Heiligen Geist wissen: Würden Sie von sich sagen, dass Sie die Kraft des Heiligen Geistes „anzapfen"? Begründen Sie Ihre Antwort. Wie können Sie die Unterstützung des Heiligen Geistes heute in Anspruch nehmen, wenn Sie beten, ein Problem haben oder spüren wollen, wie sehr Gott Sie liebt?

Kapitel 8

Geborgen unter seinen Flügeln

1. Was glauben Sie, wie Gott Sie sieht? Woran denkt er wohl, wenn er Sie anschaut? Seien Sie ehrlich, und schreiben Sie alles auf, was Ihnen dabei durch den Kopf geht.
   - Was haben Sie aufgeschrieben – Negatives, Positives oder eine Mischung aus beidem?
   - Warum glauben Sie, dass Gott Sie so sieht?

2. Lucado schreibt: „Wir gehen manchmal im Stillen davon aus, dass Gott sich nur für die Prachtexemplare dieser Welt interessiert. Diejenigen, die einen guten Stammbaum haben. Die nicht schlabbern, die stubenrein und in einem besonders frommen Umfeld aufgewachsen sind" (S. 97). Haben Sie schon einmal so über Gott gedacht? Warum?

3. In Psalm 91,1–6 steht:

Wer im Schutz des Höchsten lebt, der findet Ruhe im Schatten des Allmächtigen.
Der spricht zu dem Herrn: Du bist meine Zuflucht und meine Burg,
mein Gott, dem ich vertraue.
Denn er wird dich vor allen Gefahren bewahren und dich in Todesnot beschützen.
Er wird dich mit seinen Flügeln bedecken, und du findest bei ihm Zuflucht.
Seine Treue schützt dich wie ein großer Schild.
Fürchte dich nicht vor den Angriffen in der Nacht und
habe keine Angst vor den Gefahren des Tages, vor der Pest,
die im Dunkeln lauert, vor der Seuche, die dich am hellen Tag trifft.

- Wie wird Gott in diesem Text beschrieben?
- Was verspricht Gott uns hier?
- Wer profitiert nach Aussage der ersten beiden Zeilen von diesen Verheißungen?

4. In Psalm 91 heißt es, dass diejenigen, die bei Gott Schutz suchen, vor Schaden bewahrt werden. Wenn wir uns einsam fühlen, Angst haben oder vor Problemen stehen, ist dieses wunderbare Versprechen ein Anker, an den man sich klammern kann, und die Verse sind es wert, dass man sie auswendig lernt.
   - Hatten Sie in einer schwierigen Situation schon einmal das Gefühl, dass Gott Sie beschützt?

- Hatten Sie in einer schwierigen Situation schon einmal das Gefühl, dass Gott *nicht* bei Ihnen gewesen sei? Wie hat sich das auf Ihren Glauben ausgewirkt?

5. Wie unterscheidet sich unsere Auffassung von schwierigen Zeiten von dem, was Gott vielleicht darunter versteht (S. 100–101)?
    - Wie wirkt sich dieser unterschiedliche Blickwinkel auf Ihre Sicht einer schlimmen Situation oder eines Problems aus?
    - Welche Verheißungen aus Psalm 91 können Sie auf Ihre konkrete Situation beziehen? Oder wie hätten Ihnen diese Verheißungen in der Vergangenheit in schwierigen Zeiten helfen können?

Kapitel 9

Tauchen Sie tief in Gottes Liebe ein

1. Welcher Mensch liebt Sie auf dieser Welt wohl am meisten? Ihre Eltern? Ihre Geschwister? Ihr Partner bzw. Ihre Partnerin?
    - Warum haben Sie bei der obigen Frage gerade diese Person genannt?
    - Woher wissen Sie, dass diese Person Sie liebt?
    - Wie fühlen Sie sich, wenn Sie sich bewusst machen, dass diese Person Sie so sehr liebt?

2. In 1. Johannes 4,16 heißt es: „Gott ist Liebe." Was bedeutet es, dass Gott nicht nur liebt, sondern die Liebe in Person ist?

3. Lucado schreibt über Pipín Ferreras, den Rekordtaucher: „Nachdem er so tief gekommen ist, sieht er nur noch eines: Wasser. Rechts von ihm, links von ihm, unter ihm, über ihm – seine Welt besteht nur noch aus Wasser ... Kann ein Mensch genauso tief in Gottes Liebe eintauchen?" (S. 106).
   - Wie würden Sie diese Frage beantworten?
   - Haben Sie Gottes Liebe schon einmal so tief empfunden, dass sie gewissermaßen überall war, wohin Sie sich gewandt haben? Beschreiben Sie dieses Erlebnis.

4. Lesen Sie folgende Bibelverse:

Der Herr hat euch nicht erwählt und hält an euch fest, weil ihr größer oder bedeutender wärt als die anderen Völker – ihr seid sogar das unbedeutendste aller Völker –, sondern weil er euch liebt. 5. Mose 7,7–8

Gott dagegen beweist uns seine große Liebe dadurch, dass er Christus sandte, damit dieser für uns sterben sollte, als wir noch Sünder waren. Römer 5,8

[Ich bitte den Vater,] *dass ... ihr in der Liebe tief verwurzelt und fest gegründet seid. So werdet ihr befähigt, mit allen Heiligen zusammen die Breite und Länge und Höhe und Tiefe zu ermessen und die Liebe Christi zu erkennen, die alle Erkenntnis übersteigt, und so werdet ihr immer mehr erfüllt werden von der ganzen Fülle Gottes.* Epheser 3,17–19 (Zürcher Bibel)

- Was sagt 5. Mose 7,7–8 darüber aus, warum Gott uns liebt?
- Was war laut Römer 5,8 Gottes größte Liebestat für uns?
- Was verrät uns Epheser 3,17–19 über das Ausmaß von Gottes Liebe?
- Lesen Sie noch einmal Ihre Antwort auf Frage Nr. 1. Wie unterscheidet sich, diesen Versen zufolge, Gottes Liebe von der Liebe der dort genannten Person?

5. Lesen Sie noch einmal in Ruhe Epheser 3,17–19. Verinnerlichen Sie diesen Abschnitt, indem Sie für „ihr", „uns" und „euch" die persönlichen Personalpronomen „ich" und „mir" einsetzen. Wie kann Ihnen die Gewissheit, dass Gott Sie so sehr liebt, heute und in dieser Woche helfen?

Kapitel 10

Der Anker Ihrer Seele

1. Gibt es irgendetwas in Ihrem Leben – eine Person, eine Situation, eine Beziehung –, bei dem Sie die Hoffnung verloren haben? Warum? Wann hatten Sie in dieser Hinsicht zum letzten Mal Hoffnung?

2. In Hebräer 6,19–20 heißt es: „Diese Zuversicht ist wie ein starker und vertrauenswürdiger Anker für unsere Seele.

Sie reicht hinter den Vorhang des Himmels bis in das Innerste des Heiligtums Gottes. Dorthin ist Jesus uns bereits vorausgegangen."

- Wozu dient ein Anker?
- Inwiefern kann Hoffnung für uns ein Anker sein?
- Genauer gesagt: Inwiefern ist Jesus unsere Hoffnung und unser Anker?

3. Max Lucado erzählt die Geschichte von Jonathan McComb, der bei einer Überschwemmung auf tragische Weise seine gesamte Familie verliert. Aber bei ihrer Beerdigung gibt Jonathan eine Botschaft der Hoffnung weiter. Haben Sie in einer scheinbar hoffnungslosen Situation schon einmal erlebt, dass doch noch Hoffnung da war? Was hat Ihnen Hoffnung gegeben, und wie hat Ihnen das geholfen, in dieser „hoffnungslosen" Zeit durchzuhalten?

4. In Römer 15,13 heißt es: „Der Gott der Hoffnung aber erfülle euch mit aller Freude und mit Frieden im Glauben, dass ihr überströmt in der Hoffnung durch die Kraft des Heiligen Geistes!" (Schlachter).
   - Was ist so außergewöhnlich und bedeutsam an dem Wort „überströmen"?
   - Wie würde sich Ihr Alltag verändern, wenn Sie vor Hoffnung geradezu überströmen würden?

5. Lucado schreibt: „Ist das, woran ich verankert bin, stärker als das, was ich durchmache?" (S. 130).
   - Wie würden Sie diese Frage heute beantworten?
   - Macht Ihnen Ihre Antwort mehr oder weniger Hoff-

nung im Hinblick auf die Situation, die Sie in Frage Nr. 1 genannt haben?

6. Lucado schreibt: „Menschen, die neu anfangen, treffen täglich Entscheidungen, die ihnen dabei helfen, ihren Lebensanker an Gottes Verheißungen festzumachen" (S. 131). Er schlägt vor, sich an diese Verheißungen zu erinnern, indem Sie sie aufschreiben. Nehmen Sie sich Zeit, um alle Verheißungen zu notieren, die Sie bisher in der Bibel gelesen haben oder die Ihnen Gott gegeben hat. Überlegen Sie, was Sie empfinden, wenn Sie diese Verheißungen lesen, und inwiefern sie Ihnen heute Hoffnung machen können.

Kapitel 11

Glaube ist eine Entscheidung

1. Es ist eine Sache, Gottes Verheißungen zu kennen. Aber eine andere, auch daran zu glauben, dass er zu seinem Wort steht. Wenn Sie an Ihre bisherigen Erfahrungen und Ihre gegenwärtige Beziehung zu Gott denken: Glauben Sie, dass er seine Verheißungen erfüllt? Warum oder warum nicht? Sie müssen nicht mit einem klaren Ja oder Nein antworten. Erklären Sie, wo Sie sich im Moment auf einer Skala von 1 bis 10 einordnen würden (10=Ich glaube fest daran, 1=Ich glaube nicht daran).

2. Lesen Sie einige der Verheißungen, die Gott uns in der Bibel gegeben hat:

Die Nacht ist noch voll Weinen,
doch mit dem Morgen kommt die Freude. Psalm 30,6

Wer auf den Herrn vertraut, erleidet zwar vieles,
doch der Herr errettet ihn aus aller Not. Psalm 34,20

Der Herr stärkt ihn, wenn er krank ist,
und hilft ihm wieder auf. Psalm 41,3

„Wenn du durch Wasser gehst,
werde ich bei dir sein." Jesaja 43,2

„Es gibt viele Wohnungen im Haus meines Vaters,
und ich gehe voraus, um euch einen Platz
vorzubereiten." Johannes 14,2

„Meine Gnade ist alles, was du brauchst."
2. Korinther 12,9

- Welche dieser Verheißungen können Sie heute am meisten gebrauchen? Warum?
- Bei welcher dieser Verheißungen fällt es Ihnen am leichtesten, daran zu glauben? Warum?
- Bei welcher dieser Verheißungen fällt es Ihnen am schwersten, daran zu glauben? Warum? Was müssten Sie im Hinblick auf Gott glauben, damit Sie dieser Verheißung vertrauen können?

3. Lucado stellt eine wichtige Frage, wenn es um das Vertrauen in Gottes Verheißungen geht: „Hat Gottes Zuver-

lässigkeit und Vertrauenswürdigkeit wirklich irgendwelche konkreten Auswirkungen auf Ihr Leben?"

- Wie würden Sie diese Frage beantworten?
- Glauben Sie wirklich, dass Gott vertrauenswürdig ist? Warum?
- Max Lucado schildert eine Situation, in der er seinem Piloten vertraute. Dieser hatte den Passagieren mitgeteilt, dass ihre Anschlussflüge auf sie warten würden. Wem vertrauen Sie (fast) uneingeschränkt?

4. Lucado berichtet von einem Mann, der seine 24 Jahre alte Tochter verloren hat, aber dennoch an den Zusagen Gottes festhält. Dieser Mann sagte: „Glaube ist eine Entscheidung" (S. 137).
   - Was halten Sie von dieser Aussage? Stimmen Sie dem zu? Warum (nicht)?
   - Mussten Sie schon einmal bewusst die Entscheidung fällen, Gott trotz allem zu vertrauen? Falls ja: Welche Auswirkungen hatte Ihre Entscheidung für den Glauben auf Ihre Umstände oder auf Ihre Einstellung zu Ihrer Situation?
   - Gibt es derzeit einen Bereich in Ihrem Leben, in dem Sie das Gefühl haben, sich für den Glauben entscheiden zu müssen? Falls ja: Wie könnte es ganz praktisch aussehen, sich heute für den Glauben zu entscheiden? Was müssen Sie vielleicht tun, obwohl Sie nicht wissen, wie die Situation ausgeht?

Kapitel 12

Ihr Vater kämpft für Sie

1. In Hebräer 13,5–6 steht: „Denn Gott selbst hat versprochen: ‚Ich werde dich nie vergessen und dich niemals im Stich lassen.' Das gibt uns Mut, und wir können voll Zuversicht sagen: ‚Der Herr ist mein Helfer, deshalb fürchte ich mich nicht. Was kann ein Mensch mir anhaben?'" (NGÜ).
   - Wovor fürchten Sie sich – was könnte jemand Ihnen womöglich antun?
   - Wie wirkt sich diese Furcht auf Ihr Leben aus?
   - Wie wirkt sie sich auf Ihren Glauben an Gott und Ihr Vertrauen in seinen Schutz aus?

2. Lucado erklärt, dass das griechische Wort für *Helfer* an dieser Stelle *boēthós* ist.
   - Was bedeutet dieses Wort (S. 146)?
   - Inwiefern hilft Ihnen diese Definition zu begreifen, wie Gott Sie beschützt?

3. Wir stellen uns Gott oft als jemanden vor, der uns liebt, uns kennt oder uns den Weg zeigt, aber ist Gott in Ihren Augen auch jemand, der für Sie kämpft? Warum (nicht)?

4. Im Alten Testament wird uns Gott oft als jemand präsentiert, der für uns kämpft. Lesen Sie einmal die folgenden Verse.

„Seid zuversichtlich und mutig! Habt keine Angst vor dem König von Assyrien oder seinem mächtigen Heer, das er bei sich hat, denn auf unserer Seite steht eine weit größere Macht! Er hat nur Menschen auf seiner Seite. Uns aber hilft der Herr, unser Gott; er kämpft für uns!“
2. Chronik 32,7–8

Herr, stelle dich meinen Feinden entgegen,
kämpfe mit denen, die mich angreifen!
Greife zu Schild und Waffen und komm mir zu Hilfe!
Psalm 35,1–2

- Was war laut 2. Chronik 32,7–8 der Unterschied zwischen Israels Armee und der von Assyrien?
- Kämpft gerade jemand gegen Sie? Falls ja: Haben Sie schon in irgendeiner Weise darauf reagiert?
- Was würde wohl passieren, wenn Sie das täten, was der Psalmist in Psalm 35 getan hat – Gott bitten, gegen diejenigen zu kämpfen, die Sie angreifen –, anstatt selbst in den Kampf zu ziehen?

5. Man könnte das Kreuz vielleicht als größten Beweis dafür sehen, dass Gott für uns kämpft, weil Jesus dort an unserer Stelle gegen die Sünde gekämpft und sie besiegt hat.
   - Inwiefern kann das Versprechen, dass Sie für die Ewigkeit errettet sind, Ihre Haltung zu dem verändern, wovor Sie sich jetzt fürchten?
   - Inwiefern kann diese Verheißung Ihren Glauben und das Vertrauen darauf stärken, dass Gott Sie schützen wird?

Kapitel 13

Vertrauen Sie auf Gottes Verheißungen

1. Lesen Sie Matthäus 1,1–6.16:

Dies ist ein Verzeichnis der Vorfahren von Jesus Christus, einem Nachkommen des Königs David und Abrahams:

Abraham war der Vater von Isaak. Isaak war der Vater von Jakob. Jakob war der Vater von Juda und seinen Brüdern. Juda war der Vater von Perez und Serach (ihre Mutter war Tamar). Perez war der Vater von Hezron. Hezron war der Vater von Ram.

Ram war der Vater von Amminadab. Amminadab war der Vater von Nachschon. Nachschon war der Vater von Salmon.

Salmon war der Vater von Boas (seine Mutter war Rahab). Boas war der Vater von Obed (seine Mutter war Rut). Obed war der Vater von Isai.

Isai war der Vater von König David. David war der Vater von König Salomo (seine Mutter war die Frau von Uria) …

Jakob war der Vater von Josef, dem Ehemann Marias. Maria war die Mutter von Jesus, der Christus genannt wird.

- Warum hat Matthäus wohl einen ausführlichen Stammbaum an den Beginn seines Evangeliums gestellt (S. 153–155)?
- Unterstreichen Sie in diesem Abschnitt die Namen der Personen, die eine dunkle Vergangenheit hatten. Warum kommen im Stammbaum von Jesus wohl solche Menschen vor?

2. Was empfinden Sie, wenn Sie an Ihre eigene Vergangenheit denken – Fehler, Bedauern, glückliche Erinnerungen, leidvolle Erfahrungen, Liebe?
   - Wie wirkt sich Ihre Vergangenheit auf Ihre Gegenwart aus?
   - Wie wirkt sich Ihre Vergangenheit auf Ihre Beziehung zu Gott aus?

3. Welche Bedeutung oder Verheißung verleiht die Erwähnung von Jesus seinem Stammbaum?
   - Wie könnte Jesus Ihre Gefühle bezüglich Ihrer eigenen Lebensgeschichte heilen?
   - Wie kann Ihnen das Versprechen, dass Jesus hier seinem eigenen Stammbaum gibt, helfen, trotz dunkler Vergangenheit von Neuem anzufangen?

4. In Matthäus 24,13 heißt es: „Doch wer bis zum Ende durchhält, wird gerettet werden." Haben Sie den Eindruck, dass Sie momentan viel oder wenig Durchhaltevermögen besitzen – oder sich irgendwo dazwischen bewegen?
   - Beachten Sie, dass es in dem Vers nicht heißt: „wer einen stahlharten Glauben hat" oder „wer niemals zweifelt". Es heißt dort nur „wer bis zum Ende durchhält". Was bedeutet das für Sie?
   - Inwiefern macht Ihnen diese Definition von Durchhaltevermögen Mut für Ihr eigenes Glaubensleben?

5. Welche der Verheißungen, mit denen Sie sich in diesem dritten Teil des Buches beschäftigt haben, hat Sie am meisten angesprochen? Warum?

- An welche Verheißungen Gottes müssen Sie sich klammern, um „bis zum Ende“ durchzuhalten?
- Welche Verheißungen müssen Sie sich vielleicht ins Gedächtnis rufen, um den heutigen Tag zu überstehen?

Kapitel 14

Seien Sie Sie selbst

1. Lucado beginnt dieses Kapitel mit dem Satz: „Niemand sonst ist so wie Sie.“ Was macht Sie zu dem Menschen, der Sie sind? Fällt es Ihnen leicht oder schwer, diese Frage zu beantworten? Warum?

2. In der Bibel erfahren wir eine Menge darüber, dass Gott uns als Individuen geschaffen hat. Lesen Sie hier einmal Psalm 139,13–18:

    Du hast alles in mir geschaffen und hast mich im Leib meiner Mutter geformt.

    Ich danke dir, dass du mich so herrlich und ausgezeichnet gemacht hast!

    Wunderbar sind deine Werke, das weiß ich wohl.

    Du hast zugesehen, wie ich im Verborgenen gestaltet wurde, wie ich gebildet wurde im Dunkel des Mutterleibes.

    Du hast mich gesehen, bevor ich geboren war.

    Jeder Tag meines Lebens war in deinem Buch geschrieben.

Jeder Augenblick stand fest, noch bevor der erste Tag begann.

Wie kostbar sind deine Gedanken über mich, Gott! Es sind unendlich viele.

Wollte ich sie zählen, so sind sie zahlreicher als der Sand! Und wenn ich am Morgen erwache, bin ich immer noch bei dir!

- Was verrät Ihnen dieser Abschnitt darüber, wie Gott Sie geschaffen hat?
- Welche Hinweise gibt er Ihnen darüber, wie Gott über Sie denkt?
- Was sagt er darüber aus, wer Sie sind und welche einzigartigen Eigenschaften Sie haben?
- Wenn Sie jetzt darüber nachdenken, was Sie ausmacht: Welche besonderen Eigenschaften könnte Gott Ihnen gegeben haben, als er Sie erschuf?

3. Obwohl wir in der Bibel dazu ermutigt werden, ist es nicht leicht, in einer Gesellschaft, die vom Vergleichen und von Konkurrenzdenken geprägt ist, man selbst zu sein. Haben Sie den Eindruck, dass es Ihnen an Ihrem Arbeitsplatz, in Ihren Beziehungen und im Glauben im Allgemeinen gelingt, Sie selbst zu sein? Warum (nicht)?
   - Vielleicht haben Sie in manchen Situationen das Gefühl, Sie selbst sein zu können, und in anderen nicht. Wo liegt der Unterschied?
   - In welchen Situationen fällt es Ihnen leichter, Sie selbst zu sein?
   - Wann fällt es Ihnen schwerer?

4. Wir sind einzigartig, was unsere Persönlichkeit angeht, und wir sind einzigartig hinsichtlich unserer Begabungen, Berufe und dessen, was wir der Welt dadurch zu bieten haben. Lesen Sie 1. Korinther 12,4–11:

   Gottes vielfältige Gaben werden überall verteilt; aber alle haben ihren Ursprung in Gottes Geist. Gottes vielfältige Aufgaben werden überall ausgeübt; aber alle haben ihren Ursprung in Gottes Geist. Die verschiedenen Ausdrucksformen von Gottes Kraft zeigen sich überall; aber hinter allen steht Gott selbst. Jedem gibt er eine Aufgabe, die zeigt, wie Gott ist: Jeder darf mitmachen und alle profitieren davon. Der Heilige Geist teilt alle möglichen Gaben an alle möglichen Menschen aus! Es ist eine wunderbare Vielfalt! (The Message)

   - Wo teilt Gott diesen Versen zufolge seine Gaben aus?
   - Was ist der Sinn dieser Gaben?
   - Was sind Ihrer Meinung nach Ihre gottgegebenen Gaben?
   - Welche dieser Gaben setzen Sie gegenwärtig aktiv ein?

5. Inwiefern raubt uns das ständige Vergleichen mit anderen den Blick für unsere eigene Bedeutung?
   - Neigen Sie manchmal dazu, sich mit anderen zu vergleichen? Falls ja: Mit wem vergleichen Sie sich dann meistens und warum?
   - Wie fühlen Sie sich, nachdem Sie sich – Ihr Aussehen, Ihre Leistungen, Ihre Begabungen etc. – mit anderen verglichen haben?

- Was würde sich Ihrer Meinung nach ändern, wenn Sie aufhören würden, sich mit anderen zu vergleichen? Wie würde sich das auf Ihre Denkweise, Ihr Handeln, Ihre Sicht von anderen und von sich selbst auswirken?

Kapitel 15

Teilen Sie mit anderen, was Gott Ihnen gegeben hat

1. Lucado erzählt in diesem Kapitel die beeindruckende Geschichte der beiden Jugendfreunde Arthur und Skinner. Was hat Arthur wohl für seinen Freund Skinner empfunden? Was bringt Sie auf den Gedanken?
   - Gibt es in Ihrem Leben einen Menschen, für den Sie alles geben würden? Falls ja: Wer ist es und warum empfinden Sie so für diese Person?
   - Denken Sie an ein Ereignis, bei dem jemand viel für Sie geopfert hat. Erzählen Sie, was geschehen ist und wie sich dieses Opfer auf Ihre Beziehung ausgewirkt hat. Haben Sie schon einmal viel für jemanden geopfert? Wie hat dieses Opfer Sie persönlich verändert?

2. Das Gleichnis vom verlorenen Sohn erzählt die Geschichte eines rebellischen Sohnes, der sein Erbe verprasst und dann schuldbewusst zu seinem Vater zurückkehrt. Einen Teil dieser Geschichte haben Sie im Rahmen des Kapitels schon gelesen. Lesen Sie hier den restlichen Text aus Lukas 15,21–24:

„Sein Sohn sagte zu ihm: ‚Vater, ich habe gesündigt, gegen den Himmel und auch gegen dich, und bin es nicht mehr wert, dein Sohn zu heißen.‘

Aber sein Vater sagte zu den Dienern: ‚Schnell! Bringt die besten Kleider im Haus und zieht sie ihm an. Holt einen Ring für seinen Finger und Sandalen für seine Füße. Und schlachtet das Kalb, das wir im Stall gemästet haben, denn mein Sohn hier war tot und ist ins Leben zurückgekehrt. Er war verloren, aber nun ist er wiedergefunden.‘ Und ein Freudenfest begann.“

- Welche Bedeutung hatte damals der Ring, der in diesem Abschnitt erwähnt wird (S. 175)?
- Lucado schreibt: „Hätten Sie diesem rebellischen, verschwenderischen Sohn die Vollmacht über Ihre Angelegenheiten erteilt? Hätten Sie ihm Ihre Kreditkarte anvertraut? Hätten Sie ihm diesen Ring gegeben?“ (S. 175) Wie würden Sie diese Fragen beantworten?
- Was empfinden Sie vor dem Hintergrund Ihrer Antworten bei dem Gedanken, dass Sie Gottes Botschafter sein dürfen?
- Glauben Sie, dass Sie bislang ein guter Botschafter waren? Warum (nicht)?

3. Wir sollen Gott nicht nur unser Leben anvertrauen, sondern auch anderen von ihm erzählen. Was schlägt Lucado dazu vor (S. 177–180)?
   - Hat sich schon einmal jemand für Sie eingesetzt, als Sie in Not waren? Falls ja: Wer war das und was hat diese Person getan?

- Wie hat der Einsatz dieser Person damals Ihre Lage oder die Sicht Ihrer Lebensumstände verändert?

4. Mit dem, was wir sagen, können wir uns sehr für andere starkmachen. Lesen Sie dazu die folgenden Bibelstellen:

   Verzichtet auf schlechtes Gerede, sondern was ihr redet, soll für andere gut und aufbauend sein, damit sie im Glauben ermutigt werden. Epheser 4,29

   Denn Gott wollte uns nicht strafen, sondern wollte uns retten durch Jesus Christus, unseren Herrn. Er starb für uns, damit wir, ob wir nun wachen oder schlafen, mit ihm leben. Deshalb sollt ihr einander Mut machen und einer den anderen stärken, wie ihr es auch schon tut.
   1. Thessalonicher 5,9–11

   - Wie sollten wir nach Aussage von Epheser 4,29 mit anderen reden?
   - Warum sollen wir uns nach Aussage von 1. Thessalonicher 5,9–11 gegenseitig ermutigen und stärken?
   - Wie können Sie die Menschen in Ihrem Umfeld heute mit Ihren Worten ermutigen und so ein Botschafter Gottes sein?

Kapitel 16

Helfen Sie Menschen in Not

1. Vervollständigen Sie den folgenden Satz: „Wenn wir die Bedürftigen lieben, lieben wir ___________ “ (S. 184). Was bedeutet das für Sie? Finden Sie diese Aussage verwirrend oder aufschlussreich? Erläutern Sie Ihre Antwort.

2. Wann haben Sie das letzte Mal jemandem geholfen?
   - Was haben Sie da getan und wie haben Sie sich dabei gefühlt?
   - Wann hat jemand zuletzt Ihnen geholfen?
   - Wie haben Sie sich dabei gefühlt?

3. Lesen Sie den folgenden Auszug aus der Abschiedsrede von Jesus (Matthäus 25,34–40):

„Dann wird der König zu denen auf seiner rechten Seite sagen: ‚Kommt, ihr seid von meinem Vater gesegnet, ihr sollt das Reich Gottes erben, das seit der Erschaffung der Welt auf euch wartet.

Denn ich war hungrig, und ihr habt mir zu essen gegeben. Ich war durstig, und ihr gabt mir zu trinken. Ich war ein Fremder, und ihr habt mich in euer Haus eingeladen.

Ich war nackt, und ihr habt mich gekleidet. Ich war krank, und ihr habt mich gepflegt. Ich war im Gefängnis, und ihr habt mich besucht.‘

Dann werden diese Gerechten fragen: ‚Herr, wann haben wir dich jemals hungrig gesehen und dir zu essen gegeben? Wann sahen wir dich durstig und haben dir zu trinken gegeben?

Wann warst du ein Fremder und wir haben dir Gastfreundschaft erwiesen? Oder wann warst du nackt und wir haben dich gekleidet?

Wann haben wir dich je krank oder im Gefängnis gesehen und haben dich besucht?'

Und der König wird ihnen entgegnen: ,Ich versichere euch: Was ihr für einen der Geringsten meiner Brüder und Schwestern getan habt, das habt ihr für mich getan!'"

- Was bekommen diejenigen, die der Vater segnet?
- Wer darf von sich sagen, dass er gesegnet ist?
- Wie wichtig ist es Gott dieser Rede zufolge, wie wir unsere Mitmenschen behandeln?
- Ändert das etwas an Ihrer Haltung oder Motivation, wenn es darum geht, anderen etwas Gutes zu tun? Warum (nicht)?

4. Welcher Zusammenhang besteht nach Ansicht von Lucado zwischen Mitgefühl und Errettung? Stimmen Sie dem zu? Warum (nicht)?

5. Nicht jeder von uns ist dazu berufen, eine Mutter Teresa zu sein. Aber wie Lucado schon sagt: „Niemand kann allen Menschen helfen. Doch jeder kann irgendjemandem helfen."
   - Kennen Sie jemanden, der momentan Hilfe braucht?
   - Wie könnten Sie dieser Person helfen und ihr dadurch eine Ahnung davon vermitteln, wie sehr Jesus sie liebt?

Kapitel 17

Machen Sie die Welt ein Stückchen besser

1. Lucado berichtet in diesem Kapitel von einem Schiffskapitän, der nach Vater Benjamin sucht. Welche Botschaft vermittelt diese Geschichte über den Einfluss, den wir auf andere haben können?

2. Was müssten Sie in Ihrem Leben noch tun, um zuversichtlich sagen zu können: „Ich habe den guten Kampf gekämpft, den Lauf vollendet und bin im Glauben treu geblieben" (2. Timotheus 4,7)?
   - Wie setzen Sie die Gaben, die Gott Ihnen gegeben hat, momentan ein? Fallen Ihnen noch andere Möglichkeiten ein, wie Sie Ihre Gaben einsetzen könnten?
   - Wie können Sie Ihre Gaben so für andere einsetzen, dass sie dadurch erkennen können, wie sehr Gott sie liebt?
   - Wie können Sie Menschen in Ihrem Umfeld helfen?

3. Als der Kapitän die Inselbewohner fragte, wo Vater Benjamin sei, zeigten sie ihm die Spuren, die dieser in ihrem Leben hinterlassen hatte: eine Klinik, Fischteiche, eine Kirche und eine Bibel. Wenn jemand sich nach Ihrem Tod nach Ihnen erkundigen würde: Was würden Ihre Nachbarn dieser Person zeigen, um ihnen zu veranschaulichen, welche Spuren Sie hinterlassen haben?

Kapitel 18

Ziehen Sie keine voreiligen Schlüsse

1. Haben Sie schon einmal eine gute oder schlechte Erfahrung gemacht – und hinterher hat sich herausgestellt, dass in Wirklichkeit genau das Gegenteil der Fall war? Wenn ja: Was war das für ein Erlebnis? Warum hatten Sie ursprünglich vorschnelle Schlüsse gezogen?

2. In 1. Korinther 13,9–12 heißt es:

Jetzt erkennen wir nur wenig, und auch unser prophetisches Reden offenbart nur wenig!

Doch wenn am Ende das Vollkommene erscheint, wird das wenige aufhören.

Als ich ein Kind war, redete und dachte und urteilte ich wie ein Kind. Doch als ich erwachsen wurde, legte ich das Kindliche ab.

Jetzt sehen wir die Dinge noch unvollkommen, wie in einem trüben Spiegel, dann aber werden wir alles in völliger Klarheit erkennen. Alles, was ich jetzt weiß, ist unvollständig; dann aber werde ich alles erkennen, so wie Gott mich jetzt schon kennt.

- Was meint Paulus wohl mit „wenn … das Vollkommene erscheint"?
- Nennen Sie etwas, das Sie als Kind anders gesehen haben als heute. Was hat Sie dazu gebracht, diese Sache jetzt anders zu sehen?

- Gibt es Gottesbilder oder Glaubensüberzeugungen, die sich verändert haben, als Sie älter wurden?
- Wovon haben Sie nur bruchstückhaftes Wissen („wie in einem trüben Spiegel"), das Sie gern besser verstehen würden?

3. Lucado erzählt von einem Holzfäller und seinen Nachbarn.
   - Wie haben die Nachbarn des Holzfällers reagiert, als dessen Pferd gestohlen wurde?
   - Wie haben sie reagiert, als es zurückkehrte und ein weiteres Dutzend Pferde mitbrachte?
   - Wie haben sie reagiert, als der Sohn des Holzfällers sich die Beine brach?
   - Wie haben sie reagiert, als der Sohn des Holzfällers deshalb nicht in den Krieg ziehen musste?
   - Wie hat der Holzfäller auf die Kommentare seiner Nachbarn reagiert und warum hat er so reagiert?
   - Wie reagieren Sie gewöhnlich, wenn in Ihrem Leben etwas Unvorhergesehenes passiert? Urteilen Sie vorschnell (so wie die Nachbarn des Holzfällers) oder warten Sie mit Ihrem Urteil (so wie der Holzfäller)? Warum?

4. Welches Ereignis oder welche Situation verstehen Sie im Moment nicht ganz?
   - Welche Fragen haben Sie hinsichtlich dieser Situation?
   - Wie wirkt sich das auf Ihren Glauben oder Ihre Beziehung zu Gott aus?
   - Lesen Sie 1. Korinther 13,9–12 noch einmal. Bringt dieser Bibelabschnitt etwas mehr Licht in diese Situa-

tion? Fühlen Sie sich etwas hoffnungsvoller? Falls ja: Welche Aussagen dieser Bibelpassage helfen Ihnen und warum?

Kapitel 19

Halten Sie fest, was Jesus für Sie getan hat

1. Durch den Glauben an Jesus werden Sie von Neuem geboren. Als Sie Jesus begegnet sind, haben Sie tatsächlich einen Neuanfang gemacht; was in Ihrer Vergangenheit geschehen ist, ist damit wirklich Geschichte. Wenn Sie schon einmal eine zweite Chance bekommen haben, wissen Sie, wie es ist, noch einmal von vorn anzufangen. Wenn Sie schon einmal aus einer verzweifelten Situation gerettet wurden und neue Hoffnung geschöpft haben, wissen Sie, wie es ist, noch einmal von vorn anzufangen. Wissen Sie noch, wie es vor diesem Neubeginn war? Erinnern Sie sich daran, was damals in Ihrem Leben anders war? Halten Sie dieses „Vorher“ so detailliert wie möglich fest.

2. Warum sollten wir uns daran erinnern, wie wir vor diesem Neuanfang waren und wie unser Leben damals ausgesehen hat? Warum ist es wichtig, sich daran zu erinnern – auch wenn manche dieser Erinnerungen schmerzlich sind?

3. Lucado erwähnt in diesem Buch eine ganze Reihe von Personen aus der Bibel – manche von ihnen haben auf Gott gehört und hatten Erfolg, andere haben nicht auf ihn gehört und versagt, und viele von ihnen sind unterwegs einmal gestolpert, aber alle sind Gott begegnet. Lucado schreibt: „Die Bibel ist voller Berichte darüber, wie Gott Menschen in verzweifelten Situationen begegnet. Können Sie mir sagen, warum diese Berichte in der Bibel stehen? Warum enthalten die Evangelien viele Erlebnisse von solchen Personen?“ (S. 208–209). Wie würden Sie diese Fragen beantworten? Inwiefern machen Ihnen die Geschichten dieser Menschen Hoffnung?

4. Paulus schrieb an die Gemeinde in Korinth: „Erinnert euch, liebe Brüder, dass nur wenige von euch in den Augen der Welt weise oder mächtig oder angesehen waren, als Gott euch berief“ (1. Korinther 1,26).
   - Was waren Sie, als Sie berufen wurden?
   - Wie haben Sie sich seither verändert?
   - Was hat Gott in Ihrem Leben gebraucht, um etwas Gutes zu bewirken?
   - Wovon hat Gott Sie befreit?

5. Lucado beschreibt ein mögliches Szenario im Himmel, bei dem wir einander die Geschichte unseres Neuanfangs erzählen werden – angefangen bei Jona über Zachäus, Martin Luther, König David bis hin zu Ihnen. Wie würden Sie Ihre Geschichte erzählen?

Kapitel 20

Lauschen Sie dem Lied der Nachtigall

1. In einer Welt voller Leid, Schmerz und Ungewissheit noch einmal neu anzufangen, kann schwierig sein. Deshalb ermutigt Lucado uns, auf das Lied der Nachtigall zu hören. Wofür steht die Nachtigall?
   - Würden Sie sagen, dass Sie ihr Lied in Ihrem Herzen schon einmal gehört haben?
   - Wenn ja: Wie erleben Sie diese Sehnsucht nach der Ewigkeit?

2. Lesen Sie Prediger 3,1–11:

Alles hat seine Zeit,
alles auf dieser Welt hat seine ihm gesetzte Frist:
Geboren werden hat seine Zeit wie auch das Sterben.
Pflanzen hat seine Zeit wie auch das Ausreißen des Gepflanzten.
Töten hat seine Zeit wie auch das Heilen.
Niederreißen hat seine Zeit wie auch das Aufbauen.
Weinen hat seine Zeit wie auch das Lachen.
Klagen hat seine Zeit wie auch das Tanzen.
Steine zerstreuen hat seine Zeit wie auch das Sammeln von Steinen.
Umarmen hat seine Zeit wie auch das Loslassen.
Suchen hat seine Zeit wie auch das Verlieren.
Behalten hat seine Zeit wie auch das Wegwerfen.
Zerreißen hat seine Zeit wie auch das Flicken.

Schweigen hat seine Zeit wie auch das Reden.
Lieben hat seine Zeit wie auch das Hassen.
Krieg hat seine Zeit wie auch der Frieden.
Was hat der Mensch also davon, dass er sich abmüht? Ich habe mir die Arbeit angesehen, die Gott den Menschen gegeben hat, damit sie sich damit plagen. Gott hat allem auf dieser Welt schon im Voraus seine Zeit bestimmt, er hat sogar die Ewigkeit in die Herzen der Menschen gelegt. Aber sie sind nicht in der Lage, das Ausmaß des Wirkens Gottes zu erkennen; sie durchschauen weder, wo es beginnt, noch, wo es endet.

- Warum geht es in diesem Abschnitt sowohl um Gottes vollkommenen Zeitplan für das, was hier auf dieser Welt geschieht, als auch darum, sich die Ewigkeit vor Augen zu halten? Wie könnten diese beiden Konzepte zusammenhängen?
- Welche Lebensphasen haben Sie schon durchgemacht? In welcher Phase stecken Sie im Augenblick?
- Haben Sie schon einmal eine der hier genannten „Zeiten“ erlebt? Wenn ja, welche?
- Hilft es Ihnen, sich diese Zeiten als Lebensphasen vorzustellen? Warum (nicht)?
- Inwiefern kann es hilfreich sein, sich die Ewigkeit vor Augen zu führen, wenn man bestimmte Lebensphasen durchmacht?

3. Petrus schrieb einen Brief an eine Gruppe von Christen, die im Exil lebten und über verschiedene Provinzen verstreut waren: Pontus, Galatien, Kappadozien, Asien und Bithy-

nien (1. Petrus 1,1). Petrus wies sie darauf hin, sie seien „ohne Bürgerrecht und Fremde" in dieser Welt (1. Petrus 2,11).

- Haben Sie sich schon einmal wie ein rechtloser Fremder gefühlt? Erzählen Sie davon.
- Inwiefern kann das Versprechen, dass Sie einmal die Ewigkeit bei Gott verbringen werden, Ihnen Frieden schenken, wenn Sie sich so fühlen?

4. Eines Tages werden wir alle noch einmal ganz neu anfangen. Dank dessen, was Jesus Christus getan hat, ist nicht einmal mehr der Tod das Ende der Geschichte. Lucado schreibt: „Warum sollten wir das für wahr halten? Warum ist diese Behauptung von Jesus glaubhaft?

   Weil das Grab leer war. ‚Denn weil wir glauben, dass Jesus starb und wieder auferstanden ist, glauben wir auch, dass Gott durch Jesus alle verstorbenen Gläubigen wiederbringen wird, wenn Jesus kommt' (1. Thessalonicher 4,14)."

   - Was denken Sie über das leere Grab? Glauben Sie, dass die Auferstehung sich tatsächlich ereignet hat, glauben Sie es nicht oder sind Sie sich vielleicht nicht ganz sicher? Warum?
   - Beenden Sie dieses Kapitel mit einem Gebet. Sprechen Sie mit Gott über alle Bedenken oder Fragen bezüglich dieses ultimativen Neubeginns in der Ewigkeit. Und fragen Sie ihn, wie Sie *heute* neu beginnen können.

Danksagung

Wenn ich an die Menschen denke, die dieses Buch erst möglich gemacht haben, dann denke ich da an einige der wundervollsten Menschen, die ich je kennengelernt habe: Joey Paul, Janene MacIvor, Karen Hill, Carol Bartley, Andrea Lucado, Greg und Susan Ligon, Steve und Cheryl Green, Mark Glesne, Erica Smith, Tim Paulson und Don Jacobson.

Ich danke euch allen.

Quellenangaben

Die Texte wurden – teilweise neu übersetzt, leicht überarbeitet und ergänzt – aus folgenden Quellen entnommen:

Kapitel 1: Vertrauen Sie dem Hirten
Leichter durchs Leben

Kapitel 2: Überlassen Sie Ihre Ängste Ihrem Vater
Leichter durchs Leben

Kapitel 3: Mit geschlossenen Augen sehen
Er versetzt immer noch Berge

Kapitel 4: Geben Sie nicht auf
Du bist reich beschenkt

Kapitel 5: Folgen Sie dem Gott, der Ihnen nachgeht
Leichter durchs Leben

Kapitel 6: Nehmen Sie das göttliche Geschenk an
Ruhe im Sturm

Kapitel 7: Verlassen Sie sich auf den Heiligen Geist
Stille deinen Durst

Kapitel 8: Geborgen unter seinen Flügeln
Stille deinen Durst

Kapitel 9: Tauchen Sie tief in Gottes Liebe ein
Stille deinen Durst

Kapitel 10: Der Anker Ihrer Seele
Du bist der Anker meiner Seele

Kapitel 11: Glaube ist eine Entscheidung
Du bist reich beschenkt

Kapitel 12: Ihr Vater kämpft für Sie
Du bist reich beschenkt

Kapitel 13: Vertrauen Sie auf Gottes Verheißungen
Er flüstert deinen Namen

Kapitel 14: Seien Sie Sie selbst
Du bist reich beschenkt

Kapitel 15: Teilen Sie mit anderen, was Gott Ihnen gegeben hat
Liebe im Überfluss

Kapitel 16: Helfen Sie Menschen in Not
Du machst den Unterschied

Anmerkungen

Kapitel 4: Geben Sie nicht auf

1 Montville, Leigh: „Wide and to the Right: The Kick That Will Forever Haunt Scott Norwood". SI.com, 12. September 2011. https://www.si.com/more-sports/2011/09/12/scott-norwoodsuperbowl.

2 „Die Größe dieser Truppe wird im Text mit 30 000 Mann beziffert, was ein ungewöhnlich großes Kontingent zu sein scheint, will man in der Nähe einer Stadt einen Hinterhalt legen. Eine plausible Erklärung wäre, dass es ‚dreißig Anführer' heißen sollte. Diesen Vorschlag macht R. E. D. Clark, der darauf hinweist, dass das hebräische ‚elep' sowohl mit ‚tausend' als auch mit ‚Anführer' oder ‚Offizier' übersetzt werden kann, wie es an anderer Stelle auch übersetzt wird (siehe 1. Chronik 12,23–27, 2. Chronik 13,3.17 und 17,14–19). Wenn das hier der Fall ist, dann handelte es sich bei dieser dreißig Mann starken Truppe um eine Spezialeinheit, die extra dazu auserwählt worden war, in die verlassene Stadt vorzudringen und sie niederzubrennen. Das würde auch erklären, weshalb dieser Trupp als die ‚tüchtigen Krieger' beschrieben wird, die man ausgewählt hatte – was bei einer Gruppe von 30 mehr Sinn ergibt als bei einer Einheit von 30 000 Männern. Es sei jedoch angemerkt, dass der zweite Hinterhalt definitiv aus 5000 Mann bestand (Josua 8,12)." Jensen, Irving L.: *Joshua: Rest-Land Won*. Moody Press, Chicago 1966, S. 72.

Kapitel 5: Folgen Sie dem Gott, der Ihnen nachgeht

1 Meyer, F. B.: *The Shepherd Psalm*. Kregel Publications, Grand Rapids 1991, S. 125.

2 Diese Geschichte wurde ursprünglich in *Das besondere Geschenk* veröffentlicht. Ein Dank an Multnomah Publishing, dass wir sie auch in *Leichter durchs Leben* und *Hör nie auf, neu anzufangen* verwenden dürfen.

Kapitel 6: Nehmen Sie das göttliche Geschenk an

1 Hiob 13,4–5

2 Hiob 33,29–30

3 Hiob 38,2
4 Hiob 38,3
5 Hiob 38,4
6 Hiob 38,5–7
7 Hiob 38,12–13
8 Hiob 38,17–21
9 Hiob 40,4–5
10 Hiob 41,3
11 Hiob 42,5

Kapitel 7: Verlassen Sie sich auf den Heiligen Geist

1 Frey, William C.: *The Dance of Hope: Finding Ourselves in the Rhythm of God's Great Story*. WaterBrook, Colorado Springs 2003, S. 174.

Kapitel 9: Tauchen Sie tief in Gottes Liebe ein

1 Smith, Gary: „The Rapture of the Deep". In: *Sports Illustrated*, 16. Juni 2003, S. 62–78.
2 Brainerd, David, zitiert in Cynthia Heald: „Becoming a Friend of God". In: *Discipleship Journal*, Nr. 54 (1989), S. 22.
3 Childs, Craig: *The Secret Knowledge of Water: Discovering the Essence of the American Desert*. Little, Brown, Boston 2000, S. 61–62.

Teil III: Vertrauen Sie seinen Verheißungen

1 Diese Worte können sowohl mit „Magnetkarte durchziehen" als auch – etwas weniger gehoben – mit „Karte klauen" übersetzt werden.
2 Lockyer, Herbert: *All the Promises of the Bibel*. Zondervan, Grand Rapids 1962, S. 10.

Kapitel 10: Der Anker Ihrer Seele

1 Schultz, Lynda: „The Story Behind the Song". In: *Thrive*. www.thrive-magazine.ca/blog/40.
2 Ebd.

Kapitel 11: Glaube ist eine Entscheidung

1 Mit freundlicher Genehmigung.
2 Mote, Edward: „This Solid Rock". In: *Sacred Selection for the Church: A Collection of Sacred Selections Featuring Choice Favorites Old and New*. Sacred Selections, Kendallville 1956, Nr. 120.

Kapitel 12: Ihr Vater kämpft für Sie

1 Alfano, Sean: „Teens Arrested after Posting YouTube Video of Beating 13-Year-Old Boy and Hanging Him from a Tree". In: *New York Daily News*, 1. Februar 2011. www.nydailynews.com/news/national/teens-

arrested-posting-youtube-video-beating-13-year-old-boy-hanging-tree-article-1.137868. Siehe auch: Rick Reilly: „Eagles over Wolves in a Rout“: Auf: ESPN.com, zuletzt bearbeitet am 15. Februar 2011. http://sports.espn.go.com/espn/news/story?id=6120346.
2 Vine, W. E.: *Vine's Expository Dictionary of New Testament Words: A Comprehensive Dictionary of the Original Greek Words with Their Precise Meanings for English Readers.* MacDonald Publishing, McLean, S. 554.

Kapitel 14: Seien Sie Sie selbst
1 In Anlehnung an Osteen, Joel: *Ganz einfach glücklich!* Gerth Medien, Asslar 2013.

Kapitel 15: Teilen Sie mit anderen, was Gott Ihnen gegeben hat
1 Bressi-Donahue, Barbara: „Friends of the Ring“. In: *Reader's Digest.* Juni 1999, S. 154.
2 Jeremiah, David: *Acts of Love.* Vision House, Gresham 1994, S. 92.
3 Bressi-Donahue: „Friends of the Ring“, S. 153–160.

Kapitel 16: Helfen Sie Menschen in Not
1 Weingarten, Gene: „Pearls before Breakfast“. In: *Washington Post.* 8. April 2007.
2 Bruner, Frederick Dale: *The Churchbook: Matthew 13–28.* Word Publishing, Dallas 1990, S. 918.
3 Aikman David: *Great Souls: Six Who Changed the Century.* Word Publishing, Nashville 1998, S. 199–221, 224.

Kapitel 18: Ziehen Sie keine voreiligen Schlüsse
1 Prediger 7,8
2 Römer 12,12 (LÜ)
3 Matthäus 6,34

Kapitel 20: Lauschen Sie dem Lied der Nachtigall
1 Augustinus: *Bekenntnisse I. i.* Zitiert in: Peter Kreeft: *Heaven: The Heart's Deepest Longing.* Ignatius Press, San Francisco 1989, S. 49. Die Anregung zu dieser Abhandlung über die Nachtigall stammt aus Kreefts Beschreibung in „The Nightingale in the Heart“ („Die Nachtigall im Herzen“), S. 51–54.
2 Mit Dank an Landon Saunders für diese Idee.
3 Augustinus: *Bekenntnisse*, 1.1. Übersetzung von Otto F. Lachmann. Marix Verlag, Wiesbaden 2008.

FSC
www.fsc.org
MIX
Papier aus verantwortungsvollen Quellen
FSC® C014496

1. Auflage 2022
Bestell-Nr. 817800
ISBN 978-3-95734-800-5

Umschlaggestaltung: Kathrin Steigerwald
Umschlagfoto: Shutterstock
Satz: Uhl + Massopust, Aalen
Druck und Verarbeitung: GGP Media GmbH, Pößneck
Printed in Germany

www.gerth.de